Teste deine Italienisch-Kenntnisse

Teste deine Italienisch-Kenntnisse

Ein Sprachtraining in Frage und Antwort

von Beatrice Virendi und Livio Leghissa

humboldt

In Zusammenarbeit
mit Langenscheidt

Sprachen

humboldt-Taschenbuch 1104

Die Autoren:
Beatrice Virendi erteilt seit mehr als 17 Jahren Italienisch-Unterricht. Sie ist als freiberufliche Dozentin in der Erwachsenenbildung tätig.

Livio Leghissa ist Buchautor, Übersetzer und langjähriger Dozent am Sprach- und Dolmetscherinstitut München.

Umwelthinweis: gedruckt auf chlorfrei gebleichtem Papier

Umschlaggestaltung: Wolf Brannasky, München
Umschlagfoto: Bavaria Bildagentur
Zeichnungen im Innenteil: Ruth Botzenhardt/Werkstatt Gillhofer, München

Druck: Presse-Druck Augsburg
Printed in Germany
ISBN 3-581-67104-2
1*97

Inhalt

Vorwort

Mit diesem Band können Sie auf unterhaltsame Weise Ihre Italienisch-Kenntnisse testen und gleichzeitig verbessern. Nicht stures Pauken von Vokabeln ist gefragt. Vielmehr finden Sie hier weit über hundert amüsante Testfragen und die entsprechenden witzigen und informativen Lösungen, mit denen Sie Ihre Sprachkenntnisse locker trainieren.

Der Band gliedert sich thematisch in drei Teile:
Teil I umfaßt Übungen zu Wortschatz und Grammatik. Mit Lückentests, Multiple-Choice-Fragen, Übersetzungsübungen u. a. können Sie testen, wie fit Sie in Wortschatz, Grammatik und Rechtschreibung sind.
Teil II widmet sich der Landeskunde und testet Ihr Wissen über Land und Leute – und natürlich Ihre Sprachkenntnisse.
Teil III beinhaltet „Wissenswertes & Amüsantes" wie beispielsweise Sprachspielereien, Zungenbrecher, Redewendungen, Sprichwörter, Rätsel, Witze, Rezepte und vieles mehr.

Die Konzeption ist einfach und überzeugend: Jeweils auf den rechten Seiten stehen die italienischen Testfragen samt Übersetzungshilfen. Um Ihre Antworten überprüfen zu können, blättern Sie lediglich um und finden auf den folgenden linken Seiten die Lösungen der Aufgaben. Die Kürze der Lerneinheiten ermöglicht ein zwangloses Arbeiten auch unterwegs oder wenn wenig Zeit zur Verfügung steht.

Damit Sie angesichts einer Flut unbekannter Vokabeln nicht gleich ins Schwimmen kommen, werden schwierige Wörter am Ende jeder Testfrage mit der deutschen Übersetzung angegeben. Falls Sie darüber hinaus anderen unbekannten Wörtern begegnen, empfehlen wir Ihnen, diese in einem Wörterbuch nachzuschlagen, damit Ihnen der Sinnzusammenhang klar wird.

Sollten Sie dennoch Probleme haben, den Sinn einer Testfrage zu verstehen, finden Sie die deutsche Übersetzung jeweils auf der nächsten Seite vor der Lösung. Also einfach nur Umblättern, wenn Sie mal eine Frage nicht verstehen.

Und nun viel Vergnügen bei diesem etwas anderen Sprachtraining!

1 Tornare alle radici

Indicate le parole base dei seguenti verbi (ad esempio: *canterellare – cantare*)!

1. fischiettare ____________

2. giocherellare ____________

3. passeggiare ____________

4. ridacchiare ____________

5. salterellare ____________

6. piagnucolare ____________

2 Una piccola differenza – un grande effetto

Inserite la parola giusta al posto giusto!

1. famoso – famigerato[1]:

Si dice che il ________________ capo mafioso Toto Riina abbia avuto contatti con ______________ uomini politici.

2. stupido – stupito:

Il popolo italiano è talvolta __________, rendendosi conto di quanto ___________ viene considerato dai suoi politici.

3. teste – testo:

Davanti al giudice il _______ lesse un _______ preparato e disse:

4. ridere – ridire:

„Sarebbe davvero da _________, se qualcuno avesse qualcosa da _________."

[1] **famigerato, -a** berüchtigt

1 Zurück zu den Wurzeln

Nennen Sie die Stammwörter folgender Verben (zum Beispiel: ***canterellare*** *vor sich hinsingen* – ***cantare*** *singen*)!

1.	**fischiettare**	vor sich hinpfeifen	**fischiare**	pfeifen
2.	**giocherellare**	tändeln	**giocare**	spielen
3.	**passeggiare**	umherschlendern, bummeln	**passare**	vorbeigehen
4.	**ridacchiare**	grinsen, kichern	**ridere**	lachen
5.	**salterellare**	hüpfen, hopsen	**saltare**	springen
6.	**piagnucolare**	wimmern	**piangere**	weinen

2 Kleiner Unterschied – große Wirkung

Setzen Sie jeweils das richtige Wort an die richtige Stelle!

1. berühmt – berüchtigt
   Der berüchtigte Mafiaboß Toto Riina soll Kontakt mit berühmten Politikern gehabt haben.
2. dumm – verwundert
   Das italienische Volk ist manchmal verwundert darüber, für wie dumm es von seinen Politikern gehalten wird.
3. Zeuge – Text
   Vor Gericht las der Zeuge einen vorbereiteten Text vor und meinte dazu:
4. lachen – einwenden
   „Es wäre ja zum Lachen, wenn jemand etwas dagegen einzuwenden hätte."

► Lösung

1. **famigerato – famosi**
2. **stupito – stupido**
3. **teste – testo**
4. **ridere – ridire**

3 Sostantivo – Aggettivo

Formate l'aggettivo adatto dei seguenti sostantivi!

1. lode ________________

2. sport ________________

3. inverno ________________

4. baffo[1] ________________

5. triangolo ________________

6. muscolo ________________

[1] **baffo** *m* Schnurrbart

4 Plurale – singolare

Trovate il singolare dei seguenti sostantivi!

1. le braccia ________________

2. le paia ________________

3. le dita ________________

4. gli sci ________________

5. le virtú ________________

6. le orecchie ________________

7. gli zii ________________

8. le superfici ________________

9. le uova ________________

10. le serie ________________

3 Substantiv – Adjektiv

Bilden Sie zu den folgenden Substantiven das dazugehörige Adjektiv!

1.	**la lode**	das Lob
2.	**lo sport**	der Sport
3.	**l'inverno**	der Winter
4.	**il baffo**	der Schnurrbart
5.	**il triangolo**	das Dreieck
6.	**il muscolo**	der Muskel

▶ Lösung

1.	**lodevole**	lobenswert
2.	**sportivo**	sportlich
3.	**invernale**	winterlich
4.	**baffuto**	schnurrbärtig
5.	**triangolare**	dreieckig
6.	**muscoloso**	muskulös

4 Mehrzahl – Einzahl

Finden Sie die Einzahl der folgenden Hauptwörter!

1.	**le braccia**	die Arme	**il braccio**
2.	**le paia**	die Paare	**il paio**
3.	**le dita**	die Finger	**il dito**
4.	**gli sci**	die Ski	**lo sci**
5.	**le virtú**	die Tugenden	**la virtú**
6.	**le orecchie**	die Ohren	**l'orecchio**
7.	**gli zii**	die Onkel	**lo zio**
8.	**le superfici**	die Oberflächen	**la superficie**
9.	**le uova**	die Eier	**l'uovo**
10.	**le serie**	die Reihen	**la serie**

5 Contrari

corto | difficile | brutto | minore | debole
sporco | cattivo | stretto | pessimo | peggiore

Formate coppie di contrari accoppiando le parole in cassetta con quelle sotto elencate!

1. largo ____________ **6.** maggiore ____________
2. lungo ____________ **7.** forte ____________
3. pulito ____________ **8.** facile ____________
4. buono ____________ **9.** bello ____________
5. migliore ____________ **10.** ottimo ____________

6

Giochi di numeri

Cosa fa un italiano che ...

1. fa quattro passi?
2. fa quattro salti?
3. fa quattro chiacchiere?
4. mangia due spaghetti?

5

kurz schwierig häßlich kleiner schwach
schmutzig böse eng miserabel schlechter

Gegensätze

Stellen Sie die Wörter im Kasten mit den unten angegebenen zu Gegensatzpaaren zusammen!

▶ Lösung

1. largo – stretto	breit – eng
2. lungo – corto	lang – kurz
3. pulito – sporco	sauber – schmutzig
4. buono – cattivo	gut – böse
5. migliore – peggiore	besser – schlechter
6. maggiore – minore	größer – kleiner
7. forte – debole	stark – schwach
8. facile – difficile	einfach – schwierig
9. bello – brutto	schön – häßlich
10. ottimo – pessimo	ausgezeichnet – miserabel

6 Zahlenspielereien

Was macht ein Italiener, der …

1. vier Schritte tut?
2. vier Sprünge tut?
3. vier Plaudereien macht?
4. zwei Spaghetti ißt?

▶ Lösung

1. Er geht spazieren.
2. Er tanzt.
3. Er hält einen Schwatz.
4. Er ißt einen Teller Nudeln.

7 Colori e sentimenti

I colori determinano la nostra vita ed esprimono i nostri sentimenti. Negli esempi qui sotto inserite il colore adeguato.

1. divenire __________ di vergogna
2. diventar __________ di paura
3. avere un umore __________
4. passare una notte in __________

8 Calma e sangue freddo

Queste parole italiane hanno un suono simile, ma significati completamente diversi. Inserite la parola giusta!

1. speso – spesso
   a) Ho ________ molti soldi.
   b) Ho ________ forti mali di testa.
2. rosa – rosea
   a) Emilia ha la faccia __________.
   b) Luisa ha una camicetta __________.
3. vite – vita
   a) La mia ________ è rovinata.
   b) La ________ viene potata.
4. tuta – tutta
   a) Ho una nuova ________.
   b) ________ la città fu distrutta.

7 Farben und Gefühle

Farben bestimmen unser Leben, und sie drücken unsere Gefühle aus. Setzen Sie die richtige Farbe in die nachstehenden Beispiele ein!

▶ Lösung

1. **divenire rosso di vergogna**	vor Scham erröten
2. **diventar giallo di paura**	blaß vor Angst werden
3. **avere un umore nero**	übler Laune sein
4. **passare una notte in bianco**	eine schlaflose Nacht verbringen

! Der schwarze Humor heißt übrigens **umorismo nero**.

8 Ruhig Blut

Diese italienischen Begriffe klingen ähnlich, haben aber jeweils eine ganz andere Bedeutung. Setzen Sie das richtige Wort ein!

1. ausgegeben – oft
a) Ich habe viel Geld ausgegeben.
b) Ich habe oft starke Kopfschmerzen.

2. rosa – rosig
a) Emilia hat ein rosiges Gesicht.
b) Luisa hat eine rosa Bluse.

3. Weinstock – Leben
a) Mein Leben ist verpfuscht.
b) Der Weinstock wird beschnitten.

4. Trainingsanzug – ganz
a) Ich habe einen neuen Trainingsanzug.
b) Die ganze Stadt wurde zerstört.

▶ Lösung

1. a) speso b) spesso
2. a) rosea b) rosa
3. a) vita b) vite
4. a) tuta b) tutta

9 Superlativi poco ortodossi

Il normale superlativo esce in *-issimo*. Ad esempio: bravo, bravissimo. Ci sono però anche forme metaforiche[1] del superlativo, come ad esempio in tedesco *reich*, *steinreich*.
Completate analogamente le seguenti espressioni italiane!

1. ubriaco ____________________

2. veloce ____________________

3. bagnato ____________________

4. innamorato ____________________

5. stanco ____________________

[1] **metaforico, -a** bildhaft

10 Piccole parole, tanto sentimento!

Quale sentimento esprime ciascuna delle seguenti interiezioni all'inizio della frase?

1. *Ohimè*, ma questo è un disordine spaventevole!

____

2. *Suvvia*! Sbrigati, che è tardi!

____

3. *Peccato*! Se avessi giocato al totocalcio oggi sarei ricco!

____

4. *Perbacco*! Questa non me l'aspettavo!

____

9 Unorthodoxe Superlative

Der normale Superlativ endet auf ***-issimo***. Zum Beispiel: **bravo** tüchtig – **bravissimo** sehr tüchtig. Nun gibt es aber auch bildhafte Steigerungsformen wie im Deutschen, zum Beispiel *reich – steinreich*.
Ergänzen Sie die dementsprechenden italienischen Ausdrücke!

1. betrunken
2. schnell
3. naß
4. verliebt
5. müde

▶ Lösung

1. **ubriaco fradicio**	sturzbetrunken
2. **veloce come un fulmine**	blitzschnell
3. **bagnato fino alle ossa**	naß bis auf die Haut
4. **innamorato cotto**	unsterblich verliebt
5. **stanco morto**	todmüde

10 Kleine Worte, viel Gefühl!

Welches Gefühl drückt jeder der folgenden Ausrufe am Anfang des Satzes aus?

1. *Oje*, das ist ja ein fürchterliches Durcheinander!
2. *Los*, beeile dich, es ist spät!
3. *Schade*, wenn ich im Fußballtoto gespielt hätte, wäre ich heute ein reicher Mann!
4. *Donnerwetter*! Darauf war ich nicht gefaßt!

▶ Lösung

1. **disperazione**	Mutlosigkeit
sconforto	Verzweiflung
2. **impazienza**	Ungeduld
3. **rammarico**	Kummer
rincrescimento	Bedauern
4. **disappunto**	Mißstimmung
meraviglia	Verwunderung

11 I piccoli regali cementano l'amicizia

regali	presente	dono	donazione	elargizioni

Inserite la parola giusta!

1. Per il suo compleanno ha ricevuto molti ____________.
2. La città ha ricevuto il terreno come ________________.
3. Le associazioni si finanziano con _________________.
4. Questo è un ______________ della nostra ditta.
5. La sua bellezza è un _______________ di natura.

12 Falsi amici

Come si dice correttamente?

1. Il signor Pessina indossa[1] un sacco alla moda.
2. Lo studente ha ricevuto uno stipendio per studiare all'estero.

[1] **indossare** tragen (Kleidung)

11 Kleine Geschenke erhalten die Freundschaft

Geschenke Präsent Gabe Schenkung Spenden

Setzen Sie das richtige Wort ein!

1. Er hat zu seinem Geburtstag viele Geschenke bekommen.
2. Die Stadt hat das Grundstück als Schenkung erhalten.
3. Vereine finanzieren sich durch Spenden.
4. Das ist ein Präsent unserer Firma.
5. Ihre Schönheit ist eine Gabe der Natur.

▶ Lösung

1. **regali**
2. **donazione**
3. **elargizioni**
4. **presente**
5. **dono**

12 Falsche Freunde

Wie heißt es richtig?

1. Herr Pessina trägt einen modischen Sack.
2. Der Student hat ein Gehalt bekommen, um im Ausland zu studieren.

▶ Lösung

1. **Un sacco** ist ein Sack, ein modisches Sakko aber heißt **una giacca alla moda**.
2. Der Student erhält **una borsa di studio** ein Stipendium, kein **stipendio** Gehalt.

13 La femminilità nell'uomo

I sostantivi che terminano in -o sono normalmente maschili.
Ci sono però delle eccezioni.
Due delle seguenti parole sono femminili. Quali?

1. muro
2. ragazzo
3. mano
4. fuoco
5. medico
6. biro
7. sindaco

14 Indovinare le professioni

Come si chiama uno che ...

1. custodisce l'ingresso di una fabbrica? ______________

2. è guardia carceraria? ______________

3. scrive romanzi? ______________

4. vende giornali? ______________

13 Das Weibliche im Manne

Substantive, die mit **-o** enden, sind normalerweise männlich.
Es gibt aber einige Ausnahmen.
Zwei der folgenden Wörter sind weiblich. Welche?

1. Mauer	**5.** Arzt
2. Junge	**6.** Kugelschreiber
3. Hand	**7.** Bürgermeister
4. Feuer	

▶ Lösung

3. la mano	die Hand
6. la biro	der Kugelschreiber (*vom Namen seines ungarischen Erfinders L. G. Biró*)

14 Beruferaten

Wie heißt ein Mann, der ...

1. die Einfahrt einer Fabrik bewacht?
2. die Aufsicht im Gefängnis innehat?
3. Romane schreibt?
4. Zeitungen verkauft?

▶ Lösung

1. portinaio	Pförtner
2. secondino	Gefängniswärter
3. romanziere	Romanschriftsteller
4. giornalaio	Zeitungsverkäufer

15 Contrari

Premettendo *in-* oppure *s-* si dà ad aggettivi il senso contrario. Formate in corrispondenza il contrario dei seguenti aggettivi!

1. cauto ____________________
2. leggibile ____________________
3. contento ____________________
4. logico ____________________
5. gradevole ____________________
6. quieto ____________________

16 Falsi amici

Come si dice correttamente?

1. Metto la mappa sottobraccio[1] e vado all'università.
2. Siamo stati alla messa del libro di Francoforte.

[1] **sottobraccio** unter den Arm

15 Gegensätze

Durch ein vorangestelltes ***in-*** oder ***s-*** gibt man Adjektiven den entgegengesetzten Sinn.
Bilden Sie dementsprechend das Gegenteil der folgenden Adjektive!

1.	**cauto**	vorsichtig	**incauto**	unvorsichtig
2.	**leggibile**	leserlich	**illeggibile**	unleserlich
3.	**contento**	zufrieden	**scontento**	unzufrieden
4.	**logico**	logisch	**illogico**	unlogisch
5.	**gradevole**	angenehm	**sgradevole**	unangenehm
6.	**quieto**	ruhig	**inquieto**	unruhig

! Vorsicht bei **finito** vollendet; denn **infinito** heißt unendlich und **sfinito** erschöpft. Der Gegensatz von **finito** lautet **incompiuto** unvollendet.

16 Falsche Freunde

Wie heißt es richtig?

1. Ich nehme den Plan unter den Arm und gehe in die Universität.
2. Wir waren auf der Frankfurter Buchmesse.

► Lösung

1. **La cartella** heißt die Mappe, **la mappa** aber der Plan, die Karte.
2. **La mostra** oder **la fiera** heißt die Ausstellung oder die Messe in der Wirtschaft, die Messe in der Kirche aber oder der Gottesdienst heißt **la messa**.

17 L'articolo esatto

Ora qualcosa di molto semplice. Dovete solo inserire l'articolo esatto.

1. _____ studente va all'università.

2. Hai visto _____ film di Fellini ieri al cinema?

3. _____ amica di mia figlia è tedesca.

4. Sei pronta? _____ festa incomincia tra poco.

5. _____ albergo Miramare è chiuso per ferie.

18

Non sbagliare il taglio!

Per tagliare ognuno usa l'utensile adatto:

1. il sarto _____________

2. il macellaio _____________

3. il chirurgo _____________

4. Solo il mietitore[1] ha bisogno eventualmente di due attrezzi:

_____________________ e _____________________

[1] **mietitore** *m* Schnitter

17 Der richtige Artikel

Jetzt einmal etwas ganz Einfaches. Sie brauchen nur den richtigen Artikel einzusetzen.

1. Der Student geht zur Universität.
2. Hast du den Fellini-Film gestern im Kino gesehen?
3. Die Freundin meiner Tochter ist Deutsche.
4. Bist du fertig? Die Party beginnt in Kürze.
5. Das Hotel Miramare ist wegen Betriebsurlaubs geschlossen.

► Lösung

1. **lo studente**
2. **il film**
3. **l'amica**
4. **la festa**
5. **l'albergo**

Männlicher Artikel:	**il**	vor Konsonanten
	lo	vor **s** + Konsonant und vor **z**
	l'	vor Vokal
Weiblicher Artikel:	**la**	vor Konsonant
	l'	vor Vokal und vor **h**

18 Kein falscher Schnitt!

Jeder braucht zum Schneiden das richtige Gerät:

1. der Schneider
2. der Metzger
3. der Chirurg
4. Nur der Schnitter braucht unter Umständen zwei Werkzeuge:

► Lösung

1. **le forbici** die Schere
2. **il coltello** das Messer
3. **il bisturi** das Skalpell
4. **la falce messoria** die Sichel und **la falce fienaia** die Sense

19 Sapore sgradevole

Il suffisso *-accio, -accia* dà sempre alla parola base una colorazione negativa. Ad esempio: la donna, la donnaccia.
Cosa significano quindi i seguenti peggiorativi?

1. la lingua ____________ la linguaccia ____________

2. il tempo ____________ il tempaccio ____________

3. il ragazzo ____________ il ragazzaccio ____________

4. la roba ____________ la robaccia ____________

20 Composti ma semplici

Con i verbi *portare* e *parare* viene formata tutta una serie di nomi composti. Trovateli!

1. una persona che recapita[1] la posta

____

2. un recipiente per la cenere delle sigarette

____

3. il vetro anteriore dell'autovettura

____

4. un'asta[2] di ferro sistemata[3] sul tetto per attirare il fulmine

____

5. un dispositivo[4] per gettarsi dell'aereo

____

[1] **recapitare** austragen, zustellen
[2] **asta** *f* Stange
[3] **sistemare** anbringen
[4] **dispositivo** *m* Gerät

19 Schlechter Beigeschmack

Die Nachsilbe ***-accio***, ***-accia*** gibt dem Stammwort immer eine negative Färbung. Zum Beispiel: **la donna** die Frau, **la donnaccia** das böse Weib.
Was bedeuten demnach die folgenden Negativbegriffe?

► Lösung

1. la lingua	die Zunge	**la linguaccia**	das Lästermaul
2. il tempo	das Wetter	**il tempaccio**	das Unwetter
3. il ragazzo	der Junge	**il ragazzaccio**	der Lausbub
4. la roba	das Zeug	**la robaccia**	der Schund

20 Zusammengesetzt, aber einfach

Mit den Verben ***portare*** *tragen* und ***parare*** *schützen* wird eine Reihe von zusammengesetzten Substantiven gebildet.
Finden Sie sie!

1. eine Person, die die Post austrägt
2. ein Behälter für die Zigarettenasche
3. die vordere Glasscheibe des Autos
4. eine Eisenstange auf dem Dach, um den Blitz anzuziehen
5. ein Gerät zum Abspringen aus dem Flugzeug

► Lösung

1. **portalettere** Briefträger
2. **portacenere** Aschenbecher
3. **parabrezza** Windschutzscheibe
4. **parafulmine** Blitzableiter
5. **paracadute** Fallschirm

Substantive, die aus einem Verb und einem Substantiv bestehen, sind männlich: **il portalettere**. Wenn das Substantiv in der Zusammensetzung männlich ist **(il fulmine)**, wird der Plural regelmäßig gebildet: **i parafulmini**. In allen anderen Fällen bleibt das Wort im Plural unverändert: **i parabrezza**.

21 Mentre o durante?

Il tedesco *während* si traduce in italiano con *mentre* o *durante*. Allora quando si usa quale? Inserite in queste frasi la rispettiva parola esatta!

1. __________________ la cena abbiamo parlato di politica.

2. Ha telefonato Marcello __________________ stavo facendo la doccia[1].

3. Di solito__________________ leggo ascolto la musica classica.

4. __________________ lo spettacolo non si può fumare.

[1] **fare la doccia** duschen

22 Giochi coi numeri

1. Un terzo è la terza parte. Ma che cos'è un terzino?
- **a)** un difensore (sport)
- **b)** un tiro[1] a tre cavalli

2. Un quarto è la quarta parte. Ma che cos'è un quartiere?
- **a)** una poesia di quattro versi
- **b)** un rione[2] cittadino

3. Un quinto è la quinta parte. Ma che cos'è un quintale?
- **a)** cento chili
- **b)** un pentagono

4. Un sesto è la sesta parte. Ma che cos'è un sestante?
- **a)** l'arco di una porta
- **b)** uno strumento astronomico

[1] **tiro** *m* Gespann
[2] **rione** *m* Viertel, Stadtteil

21 Während oder während?

Das deutsche *während* übersetzt man im Italienischen mit ***mentre*** oder ***durante***. Doch wann gebraucht man welches? Fügen Sie das jeweils richtige Wort in diese Sätze ein!

1. Während des Abendessens haben wir über Politik geredet.
2. Marcello hat angerufen, während ich geduscht habe.
3. Während ich lese, höre ich meistens klassische Musik.
4. Während der Vorstellung darf man nicht rauchen.

▶ Lösung

1. **durante**
2. **mentre**
3. **mentre**
4. **durante**

Auf die Konjunktion **mentre** folgt immer ein Verb, auf die Präposition **durante** immer ein Substantiv.

22 Zahlenspielereien

1. Un terzo ist ein Drittel. Aber was ist **un terzino**?
a) ein Verteidiger (im Sport)
b) ein Gespann mit drei Pferden

2. Un quarto ist ein Viertel. Aber was ist **un quartiere**?
a) ein Gedicht aus vier Zeilen
b) ein Stadtviertel

3. Un quinto ist ein Fünftel. Aber was ist **un quintale**?
a) hundert Kilo (ein Doppelzentner)
b) ein Fünfeck

4. Un sesto ist ein Sechstel. Aber was ist **un sestante**?
a) ein Torbogen
b) ein astronomisches Gerät (ein Sextant)

▶ Lösung

1. a) 2. b) 3. a) 4. b)

23 Contrari

Qual è il contrario delle seguenti parole?

1. la notte
2. la ricchezza
3. l'odio
4. il freddo
5. la pace

24 Rebus

Inserite nelle caselle previste le parole italiane della soluzione. Le lettere marcate, leggendole dall'alto al basso, danno il nome d'un apparecchio quasi indispensabile nella cucina.

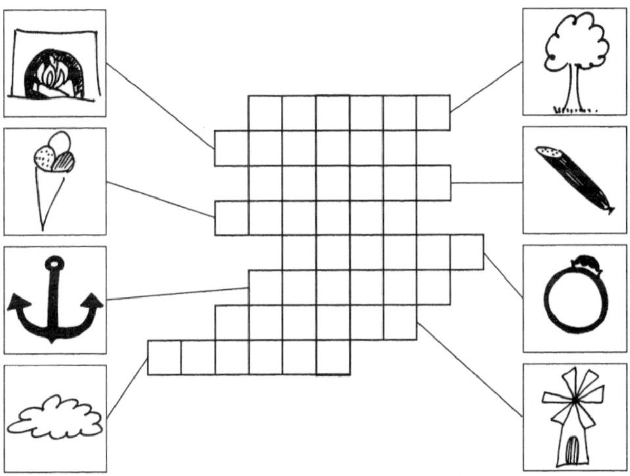

23 Gegenteile

Was ist das Gegenteil der folgenden Wörter?

1. die Nacht
2. der Reichtum
3. der Haß
4. die Kälte
5. der Frieden

► Lösung

1. **il giorno** der Tag
2. **la povertà** die Armut
3. **l'amore** die Liebe
4. **il caldo** die Wärme
5. **la guerra** der Krieg

24 Bilderrätsel

Setzen Sie die italienischen Lösungsworte in die dafür vorgesehenen Kästchen. Die gekennzeichneten Buchstaben ergeben, von oben nach unten gelesen, den Namen eines Gerätes, das in der Küche fast unerläßlich ist.

► Lösung

bilancia Waage

			A	L	B	E	R	O	
		C	A	M	I	N	O		
			S	A	L	A	M	E	
		G	E	L	A	T	O		
				A	N	E	L	L	O
			A	N	C	O	R	A	
		M	U	L	I	N	O		
N	U	V	O	L	A				

25 Errori tipici

Nelle seguenti frasi abbiamo introdotto clandestinamente[1] alcuni errori tipici degli stranieri che imparano l'italiano. Provate a correggerli!

1. Ciao, signora Mazzolari, come sta?
2. Mia sorella gioca bene il violino.
3. Vado sempre in ufficio in piedi.

[1] **clandestino, -a** heimlich

26 Piccolo, ma falso

Non è tutt'oro quel che lucicca e non tutto è cosí piccolo quanto sembra.
-ino ed *-etto* sono normalmente suffissi del diminutivo, ma non nei seguenti casi. Cosa significano i falsi diminutivi?

1.	il merlo	die Amsel	il merletto	______________
2.	il collo	der Hals	il colletto	______________
3.	il tacco	der Absatz	il tacchino	______________
4.	il banco	die Bank	il banchetto	______________
5.	il padre	der Vater	il padrino	______________

25 Typische Fehler

In den folgenden Sätzen haben wir einige typische Fehler von Ausländern, die Italienisch lernen, eingeschmuggelt. Versuchen Sie sie zu korrigieren!

1. Hallo, Frau Mazzolari, wie geht es Ihnen?
2. Meine Schwester spielt gut Geige.
3. Ich gehe immer stehend ins Büro.

▶ Lösung

1. **Buongiorno/Buonasera, signora Mazzolari, come sta?**

! **Ciao** wird nur unter Leuten benutzt, die sich duzen, und zwar zur Begrüßung und zum Abschied.

2. **Mia sorella suona bene il violino.**

! Das Spielen von Instrumenten heißt **suonare**.
giocare bezieht sich auf Spielzeug oder Spiele.

3. **Vado sempre in ufficio a piedi.**

! **A piedi** heißt zu Fuß, **in piedi** stehend.
alzarsi in piedi aufstehen
essere in piedi stehen

26 Klein, aber falsch

Es ist nicht alles Gold, was glänzt. Und es ist nicht alles so klein, wie es scheint.
-etto und ***-ino*** sind zwar italienische Verkleinerungssilben, nicht aber in diesen Fällen.
Was bedeuten die scheinbaren Verkleinerungen?

▶ Lösung

1. **il merletto** die Spitze
2. **il colletto** der Kragen
3. **il tacchino** der Truthahn
4. **il banchetto** das Bankett
5. **il padrino** der Pate

27 Falsi amici

Come si dice correttamente?

1. Mio figlio ha preso una buona nota a scuola.
2. Ha già ammirato la vasta paletta della nostra offerta?

28 Rumori

baccano *bisbiglio* *chiasso* *detonazione* *frastuono* *schianto* *urlo*

Un dizionario italiano dei sinonimi riporta 185 sinonimi della parola *rumore*. Gli Italiani, un popolo di fracassoni[1]?
Noi ci accontentiamo ad ogni modo di sette espressioni.
Inserite la parola giusta!

1. L'albero cadde al suolo con uno ____________.

2. I ragazzi facevano un ____________.

3. Qui non si sente bene, c'è troppo ____________.

4. La bomba esplose con una tremenda ________________.

5. Di notte non si può dormire per il ___________ del traffico.

6. Si udiva solo l'_________ del vento.

7. Solo il _____________ delle preghiere si poteva udire.

[1] **fracassone** *m* Krachmacher

27 Falsche Freunde

Wie heißt es richtig?

1. Mein Sohn hat eine gute Notiz in der Schule bekommen.
2. Haben Sie schon die breite Schaufel unseres Angebotes bewundert?

▶ Lösung

1. **Un buon voto** eine gute Note ist richtig, denn **la nota** heißt die Notiz oder die Musiknote.
2. **La gamma** ist die Palette eines Angebots, **la paletta** aber heißt die Schaufel.

28 Geräusche

Heidenlärm	*Flüstern*	*Lärm*	*Knall*	*Verkehrslärm*	*Krach*	*Heulen*

Ein italienisches Synonymwörterbuch nennt 185 sinnverwandte Ausdrücke für das Wort ***rumore*** *Geräusch*. Die Italiener ein Volk von Krachmachern?
Wir begnügen uns jedenfalls mit sieben Begriffen. Setzen Sie das richtige Wort ein!

1. Der Baum stürzte mit einem Krach zu Boden.
2. Die Kinder machten einen Heidenlärm.
3. Hier hört man nicht gut, der Lärm ist zu groß.
4. Die Bombe explodierte mit einem furchtbaren Knall.
5. Nachts kann man nicht schlafen wegen des Verkehrslärms.
6. Man hörte nur das Heulen des Windes.
7. Nur das Flüstern der Gebete war zu vernehmen.

▶ Lösung

1. **schianto**
2. **baccano**
3. **chiasso**
4. **detonazione**
5. **frastuono**
6. **urlo**
7. **bisbiglio**

29 Due passati

Mettete le seguenti frasi al passato remoto!

1. Ieri sera ho mangiato al ristorante. Quel giorno ________________ al ristorante.

2. Ieri pomeriggio Giulio e Maria hanno giocato a tennis. Un pomeriggio Giulio e Maria ________________ a tennis.

3. L'altro ieri siamo andate al cinema. Quella domenica ________________ al cinema.

30 Verbo – sostantivo

Formate dai seguenti verbi i relativi sostantivi!

1. inseguire ____________________

2. costringere ____________________

3. espellere ____________________

4. distruggere ____________________

5. cadere ____________________

6. dipendere ____________________

29 Zwei Vergangenheiten

Setzen Sie die folgenden Sätze ins **passato remoto** (historisches Perfekt)!

1. Gestern abend habe ich im Restaurant gegessen. An jenem Tag aß ich im Restaurant.
2. Gestern nachmittag haben Giulio und Maria Tennis gespielt. Eines Nachmittags spielten Giulio und Maria Tennis.
3. Vorgestern sind wir ins Kino gegangen An jenem Sonntag gingen wir ins Kino.

▶ Lösung

1. **mangiai**
2. **giocarono**
3. **andammo**

Das **passato remoto** schildert eine in der Vergangenheit abgeschlossene, „historische" Handlung. Sollen vergangene Vorgänge aktualisiert werden, oder reicht die Handlung in die Gegenwart hinein, verwendet man das **passato prossimo** (Perfekt).

30 Verbum – Substantiv

Bilden Sie von den folgenden Verben die dazugehörigen Substantive!

1. verfolgen
2. zwingen
3. ausschließen
4. zerstören
5. fallen
6. abhängen

▶ Lösung

1. **l'inseguimento** die Verfolgung
2. **la costrizione** der Zwang
3. **l'espulsione** der Ausschluß
4. **la distruzione** die Zerstörung
5. **la caduta** der Fall
6. **la dipendenza** die Abhängigkeit

31 Pane

Che cosa sia il pane ognuno lo sa. Ma che cosa è ...

1. un panificio?
2. una panetteria?
3. un paniere?
4. un panino?
5. un panettone?

32 Allegri avventori[1]

„Prost" lo dicono i tedeschi in un cerchio socievole. Gli Italiani hanno molte più espressioni. Una però non è esatta. Quale?

[1] **avventore** *m* Zecher

31 Brot

Pane heißt Brot, das weiß jeder. Was aber ist ...

1. **un panificio**?
2. **una panetteria**?
3. **un paniere**?
4. **un panino**?
5. **un panettone**?

▶ Lösung

1. eine Bäckerei, Backstube
2. ein Bäckerladen
3. ein Brotkorb
4. ein Brötchen, eine Semmel, ein belegtes Brot
5. ein Panettone (*Weihnachtskuchen*)

32 Fröhliche Zecher

„Prost" sagen die Deutschen in geselliger Runde. Die Italiener haben noch mehr Ausdrücke. Einer paßt aber nicht. Welcher?

▶ Lösung

pronta guarigione gute Besserung

! **Brindisi** hat übrigens nichts mit der gleichnamigen Stadt in Apulien zu tun.

33 Falsi amici

Come si dice correttamente?

1. Il contabile[1] della firma è andato in pensione.
2. Ha già visto i freschi di Michelangelo nella Cappella Sistina?

[1] **contabile** *m* Buchhalter

34 Falsi amici

Come si dice correttamente?

1. L'ago del compasso indica sempre il nord.
2. La società ha dichiarato concorso.

35 Falsi amici

Come si dice correttamente?

1. Abbiamo alloggiato in un convento di nonne.
2. I paesi industriali vogliono proteggere meglio le loro patenti.

33 Falsche Freunde

Wie heißt es richtig?

1. Der Buchhalter der Unterschrift ist in Rente gegangen.
2. Haben Sie Michelangelos Frische in der Sixtinischen Kapelle schon gesehen?

▶ Lösung

1. **La firma** heißt die Unterschrift, die Firma aber **la ditta**.
2. **Freschi** kommt von **fresco** frisch, die Fresken heißen **gli affreschi**.

34 Falsche Freunde

Wie heißt es richtig?

1. Die Nadel des Zirkels zeigt immer nach Norden.
2. Die Gesellschaft hat Wettbewerb angemeldet.

▶ Lösung

1. **Il compasso** heißt der Zirkel, **la bussola** aber der Kompaß.
2. **Il concorso** heißt der Wettbewerb, **il fallimento** aber der Konkurs.

35 Falsche Freunde

Wie heißt es richtig?

1. Wir haben in einem Großmütterkloster gewohnt.
2. Die Industrieländer wollen ihre Führerscheine besser schützen.

▶ Lösung

1. **Le nonne** sind die Großmütter, die Nonnen heißen **le suore**, die Schwestern also.
2. Ihre Patente heißen **i loro brevetti**, **le patenti** dagegen sind die Führerscheine.

36 Sostantivi capricciosi

La formazione di sostantivi segue le sue proprie leggi, e queste spesso non sono tanto chiare.
Formate i sostantivi di ...

1. indulgente ____________________
2. buono ____________________
3. fresco ____________________
4. famoso ____________________
5. triste ____________________
6. astuto ____________________

37 Odori buoni e cattivi

fragranza	puzza	aroma	miasma	profumo

Correlate gli odori alla loro rispettiva origine!

1. caffè tostato
2. fumaiolo[1] di fabbrica
3. fiori
4. acqua stagnante[2]
5. pane fresco

[1] **fumaiolo** *m* Schlot
[2] **stagnante** sumpfig, abgestanden

36 Eigenwillige Substantive

Die Bildung von Substantiven folgt ihren eigenen Gesetzen, und die sind oft nicht durchschaubar.
Bilden Sie die Substantive von ...

1. nachsichtig
2. gut
3. frisch
4. berühmt
5. traurig
6. listig

▶ Lösung

1. **la indulgenza** die Nachsicht
2. **la bontà** die Güte
3. **la freschezza** die Frische
4. **la fama** die Berühmtheit
5. **la tristezza** die Traurigkeit
6. **l'astuzia** die List

37 Gute und schlechte Gerüche

Wohlgeruch · Gestank · Aroma · Gifthauch · Duft

Ordnen Sie die Gerüche dem richtigen Ursprung zu!

1. gerösteter Kaffee
2. Fabrikschlot
3. Blumen
4. sumpfiges Wasser
5. frisches Brot

▶ Lösung

1. **aroma** Aroma
2. **miasma** Gifthauch
3. **profumo** Duft
4. **puzza** Gestank
5. **fragranza** Wohlgeruch

38 Tutto sul bianco

in bianco	*in bianco*	*nero su bianco*	*di punto in bianco*	*in bianco*	

Scegliete la forma idiomatica giusta!

1. Tutto quello che è successo è su questo foglio, ____________________.
2. Devi mangiare leggero per qualche giorno. Ti preparo il riso __________.
3. ____________________ ha deciso di partire per l'America.
4. I nostri vicini hanno fatto molto rumore questa notte, quindi abbiamo passato la notte ____________________.
5. Ha sottoscritto un assegno ____________________.

39 Piccole differenze

Con il genere certe parole modificano anche il loro significato. Conoscete la differenza?

1.	la bolla	____________	il bollo	____________
2.	la casa	____________	il caso	____________
3.	la porta	____________	il porto	____________
4.	la fronte	____________	il fronte	____________

38 Ganz in Weiß

Suchen Sie die richtige idiomatische Form aus!

1. Alles, was geschehen ist, steht auf diesem Blatt, schwarz auf weiß.
2. Du mußt ein paar Tage leichte Kost essen. Ich koche dir einen blanken Reis.
3. Plötzlich hat er beschlossen, nach Amerika zu fahren.
4. Unsere Nachbarn haben heute Nacht viel Lärm gemacht, daher haben wir eine schlaflose Nacht verbracht.
5. Er hat einen Blankoscheck unterschrieben.

► Lösung

1. **nero su bianco**	schwarz auf weiß
2. **in bianco**	blank, nicht angemacht (nur mit Öl oder Butter und Parmesan)
3. **di punto in bianco**	plötzlich, von einer Minute auf die andere
4. **in bianco**	schlaflos
5. **in bianco**	Blanko...

! Und eine Woche im Schnee verbringen heißt: **passare una settimana bianca.**

39 Kleine Unterschiede

Mit dem Geschlecht verändern manche Worte auch ihre Bedeutung.
Kennen sie den Unterschied?

► Lösung

1. **la bolla**	die Blase	**il bollo**	der Stempel
2. **la casa**	das Haus	**il caso**	der Zufall
3. **la porta**	die Tür	**il porto**	der Hafen
4. **la fronte**	die Stirn	**il fronte**	die Front

40 Due sul colpo

Ciascuna delle parole cercate ha due significati completamente diversi.

1. scopa; proiettile d'artiglieria ____________

2. motoscafo; antica arma da lancio ____________

3. parte del corpo umano fra la testa e il torace[1]; pacco, balla

____

4. dito con due falangi[2]; misura di lunghezza inglese

____

5. uccello trampoliere[3]; macchina per sollevare pesi

____

[1] **torace** *m* Brustkorb
[2] **falange** *f* Knochenglied
[3] **uccello** *m* **trampoliere** Stelzvogel

41 Sportivo

Come si chiama lo sport ...

1. della montagna? ____________

2. praticato da chi va a cavallo? ____________

3. della bicicletta? ____________

4. dell'automobile? ____________

5. della motocicletta? ____________

6. del canotto[1]? ____________

[1] **canotto** *m* Ruderboot

40 Zwei auf einen Schlag

Jedes der gesuchten Wörter hat zwei grundverschiedene Bedeutungen.

1. Besen; Artilleriegeschoß
2. Motorboot; alte Wurfwaffe
3. Körperteil zwischen Kopf und Brustkorb; Frachtstück
4. Finger mit zwei Gliedern; englisches Längenmaß
5. Stelzvogel; Hebemaschine

▶ Lösung

1. **granata**	Besen; Granate
2. **lancia**	Boot; Lanze
3. **collo**	Hals; Frachtstück
4. **pollice**	Daumen; Zoll
5. **gru**	Kranich; Kran

41 Sportlich

Wie heißt der Sport ...

1. im Gebirge?
2. zu Pferd?
3. auf dem Fahrrad?
4. mit dem Auto?
5. mit dem Motorrad?
6. mit dem Ruderboot?

▶ Lösung

1. **alpinismo**	Bergsteigen
2. **equitazione**	Reiten
3. **ciclismo**	Radsport
4. **automobilismo**	Autosport
5. **motociclismo**	Motorradsport
6. **canottaggio**	Rudersport

42 Una volta così, una volta cosà

Completate le frasi con *di* oppure con *che*!

1. È una donna più bella ____ intelligente.
2. È preferibile aspettare piuttosto ____ precipitare.
3. Alla manifestazione hanno preso parte più ____ mille persone.
4. Penso di esser stato trattato in maniera più ____ severa.
5. Lui è stato trattato molto meno severamente ____ me.
6. Lui è più furbo[1] ____ tutti gli altri messi assieme.
7. Vi preoccupate più dei fatti altrui ____ di voi stessi.

[1] **furbo, -a** schlau

43 Falsi amici

Come si dice correttamente?

1. La macchina parte come una racchetta.
2. In cucina c'è un regalo pieno di bottiglie vuote.

42 Mal so, mal so

Ergänzen Sie die Sätze durch Einsetzen von ***di*** oder ***che***!

1. Sie ist eine eher schöne als intelligente Frau.
2. Es ist besser, abzuwarten, als zu überstürzen.
3. An der Kundgebung haben mehr als tausend Menschen teilgenommen.
4. Ich bin der Meinung, daß ich mehr als streng behandelt wurde.
5. Er ist weitaus weniger streng behandelt worden als ich.
6. Er ist schlauer als alle anderen zusammen.
7. Ihr kümmert euch mehr um fremde Angelegenheiten als um euch selbst.

▶ Lösung

1. che 2. che 3. di 4. che 5. di 6. di 7. che

Di steht bei einem direkten Vergleich zwischen zwei Personen oder Sachen sowie vor Zahlen;
che steht vor Substantiven, Adjektiven, Adverbien, Präpositionen und Verben.

43 Falsche Freunde

Wie heißt es richtig?

1. Das Auto geht ab wie ein Schläger.
2. In der Küche ist ein Geschenk voll leerer Flaschen.

▶ Lösung

1. Richtig heißt es **un razzo** eine Rakete, denn **la racchetta** ist der Schläger (*im Tennis z.B.*).
2. **Un regalo** ist ein Geschenk, ein Regal aber heißt **uno scaffale**.

44 Le stagioni

Un grande compositore italiano gli ha dedicato un capolavoro: *Le quattro stagioni.*
Chi era? E come si chiamano le quattro stagioni in italiano?

1. ____________________

2. ____________________

3. ____________________

4. ____________________

45 Un grande regista

Rimini non è solo la famigerata „griglia dei teutoni" sull'Adriatico. Qui nasce il 20 gennaio 1920 anche un famoso regista. *Roma* è il titolo di un suo noto film.
E in questa città il 31 ottobre 1993 lui muore.
Qual è il suo nome?

46 Il pittore e la donna misteriosa

L'artista nacque nel 1452 in un piccolo paese della Toscana, da cui prese anche il nome. Uno dei suoi capolavori rappresenta una donna con un sorriso misterioso.
Come si chiama l'artista e come la donna?

44 Die Jahreszeiten

Ein großer italienischer Komponist hat ihnen ein Werk gewidmet: *Die vier Jahreszeiten.*
Wer war es? Und wie heißen die vier Jahreszeiten in Italienisch?

▶ Lösung

Antonio Vivaldi

1. **la primavera**	der Frühling
2. **l'estate**	der Sommer
3. **l'autunno**	der Herbst
4. **l'inverno**	der Winter

45 Ein großer Filmemacher

Rimini ist nicht nur der berüchtigte „Teutonengrill" an der Adria. Hier wird am 20. Januar 1920 auch ein berühmter Regisseur geboren. ***Roma*** ist der Titel eines bekannten Films von ihm. Und in dieser Stadt stirbt er auch am 31. Oktober 1993.
Wie heißt er?

▶ Lösung

Federico Fellini

46 Der Maler und die geheimnisvolle Frau

Der Künstler wurde 1452 in einem kleinen Dorf in der Toskana geboren, von dem er auch seinen Namen herleitete. Eines seiner Meisterwerke zeigt eine Frau mit einem geheimnisvollen Lächeln.
Wie heißt der Künstler, und wie die Frau?

▶ Lösung

Leonardo da Vinci
Mona Lisa

47 Superstizione

Cosa porta fortuna agli Italiani?

	vero	falso
1. un quadrifoglio[1]		
2. bussare[2] sul legno		
3. incrociare[3] le dita		
4. gioielli a forma di corno.		

[1] **quadrifoglio** *m* vierblättriges Kleeblatt
[2] **bussare** klopfen
[3] **incrociare** kreuzen

48 Sofia Loren è out

L'otto marzo è la giornata della donna. Perché anche le donne italiane nella maggioranza non vogliono più essere come Sofia Loren le ha rappresentate sullo schermo: casalinga[1], madre e felicemente sottomessa agli uomini.
Quale fiore ricevono oggi come regalo dagli uomini?

[1] **casalinga** *f* Hausfrau

47 Aberglaube

Was bringt den Italienern Glück?

1. ein vierblättriges Kleeblatt
2. auf Holz klopfen
3. die Finger kreuzen
4. Hörner als Schmuck

▶ Lösung

1. richtig
2. falsch: In Italien klopft man auf Eisen. Wenn man z. B. eine schlechte Nachricht erfährt, sagt man **tocca ferro!** berühre Eisen!, um solches Unglück von sich selbst abzuwenden
3. richtig: Es entspricht dem deutschen Daumendrücken.
4. richtig
   Aber **fare le corna a qualcuno** heißt: jemandem Hörner aufsetzen. In dem Fall ist das Glück recht einseitig verteilt.

48 Sofia Loren ist out

Der 8. März ist der Tag der Frau. Denn auch die italienischen Frauen wollen in der Mehrzahl nicht mehr so sein, wie Sofia Loren ihnen das auf der Leinwand vorgelebt hat: Hausfrau, Mutter und den Männern freudig untertan.
Welche Blume bekommen sie heute von den Männern geschenkt?

▶ Lösung

la mimosa die Mimose

! **Mimosa** wird im Italienischen nicht im übertragenen Sinn gebraucht. Das Wort bezeichnet ausschließlich den Namen der Blume.

49 Conosciuto come Pumuckl

Lo scrittore italiano Carlo Collodi ha creato un burattino[1] di legno, che, come Pumuckl, è sempre in vena di scherzare[2] e molto amato dai bambini.
Come si chiama il burattino?

[1] **burattino** *m* Puppe
[2] **in vena di scherzare** zu Streichen aufgelegt

50 Delinquenti

Gli Italiani sono spesso i migliori. Perfino in organizzazioni a delinquere[1]. Come si chiamano queste organizzazioni criminali in ...

1. Calabria? ________________

2. Sicilia? ________________

3. Campania? ________________

4. Sardegna? ________________

[1] **organizzazione** *f* **a delinquere** kriminelle Organisation

51 Acqua bollente

A una temperatura di 87 gradi sgorga[1] l'acqua dalle più famose fonti termali d'Italia. Qui venne un tempo addirittura il dotto[2] Petrarca per curarsi una noiosa malattia della pelle[3].
Come si chiama questo luogo caldo e vicino a quale città si trova?

[1] **sgorgare** sprudeln
[2] **dotto** *m* Gelehrter
[3] **malattia** *f* **della pelle** Hautkrankheit

49 Bekannt wie Pumuckl

Der italienische Schriftsteller Carlo Collodi hat eine Holzpuppe erfunden, die, ähnlich wie Pumuckl, immer zu Streichen aufgelegt und bei den Kindern sehr beliebt ist.
Wie heißt die Puppe?

▶ **Lösung**

Pinocchio

50 Kriminelle

Die Italiener sind in vielem Spitze. Selbst im organisierten Verbrechen. Wie heißen die kriminellen Organisationen in ...

1. Kalabrien?
2. Sizilien?
3. Kampanien?
4. Sardinien?

▶ **Lösung**

1. **'Ndrangheta**
2. **Mafia**
3. **Camorra**
4. **Anonima Sequestri**

51 Heißes Wasser

Mit 87 Grad Celsius sprudelt das Wasser aus den berühmtesten Thermalquellen Italiens. Hierher kam einst sogar der Gelehrte Petrarca, um eine lästige Hautkrankheit auszukurieren.
Wie heißt der heiße Ort und in der Nähe welcher Stadt liegt er?

▶ **Lösung**

Abano Terme bei **Padova** Padua

52 Gastronomia in Italia

Se in Italia volete andare a mangiare fuori, avete una grande scelta di locali. Conoscete la differenza fra i singoli locali?

1. Ristorante
2. Rosticceria
3. Trattoria
4. Osteria
5. Pizzeria
6. Tavola calda
7. Tavola fredda

53 Opera di canale

Nel 1871, in occasione dell'apertura del Canale di Suez, fu rappresentata per la prima volta al Cairo una celebre opera italiana.
Di che opera si tratta e chi ne è il compositore?

52 Gastronomie in Italien

Wenn Sie in Italien zum Essen ausgehen wollen, haben Sie eine große Auswahl an Lokalen. Kennen Sie den Unterschied zwischen den einzelnen Gaststätten?

► Lösung

1. **Ristorante**: Teures Lokal mit kompletten Menüs.
2. **Rosticceria**: Hier ißt man – oft im Stehen – Spezialitäten vom Grill oder aus dem Backofen.
3. **Trattoria**: Ein Familienbetrieb ohne Speisekarte, in dem der Besitzer meist selbst Empfehlungen gibt.
4. **Osteria**: Einst Arme-Leute-Lokal, in dem sich die Gäste das Essen selbst mitbrachten. Heute gibt es hier regionale Spezialitäten.
5. **Pizzeria**: Hier bestellt man Pizza mit Bier. Das bevorzugte Lokal nach dem Kino oder Theater.
6. **Tavola calda**: Meist Selbstbedienung, aber besser als ein Fast-food-Lokal.
7. **Tavola fredda**: Bars mit Imbiß wie Mozzarella mit Tomaten, Salaten, kaltes Gemüse und Roastbeef.

53 Kanaloper

Im Jahre 1871 wurde anläßlich der Eröffnung des Suez-Kanals eine berühmte italienische Oper in Kairo uraufgeführt.
Um welche Oper handelt es sich, und wer ist der Komponist?

► Lösung

Aida von **Giuseppe Verdi**

54

Il bar

Quali affermazioni sono vere e quali sono false?

	vero	falso
1. L'Italiano non si siede al bar bensì sta in piedi al bancone[1].		
2. L'arredamento[2] dei bar è sempre molto caratteristico e comodo.		
3. Al bar si può solo bere.		
4. In alcuni bar si gioca a carte e a biliardo.		

[1] **bancone** *m* Theke [2] **arredamento** *m* Einrichtung

55 I calciatori

Siete degli esperti del calcio? Allora saprete sicuramente di quali giocatori si tratta qui.

1. i terzini, i difensori

2. gli attaccanti

3. il portiere

4. i centrocampisti

5. il libero

6. le ali

7. il centroavanti

8. lo stopper

54 Die Bar

Welche dieser Behauptungen sind richtig und welche falsch?

1. Der Italiener setzt sich nicht in die Bar, sondern stellt sich an die Theke.
2. Die Einrichtung der Bars ist immer sehr charakteristisch und bequem.
3. In der Bar kann man nur trinken.
4. In einigen Bars spielt man Karten und Billard.

► Lösung

1. richtig: Normalerweise bleibt der Italiener nur kurze Zeit in der Bar.
2. falsch: Die meisten Bars sind schlicht und unpersönlich eingerichtet und in Neonlicht getaucht.
3. falsch: Man bekommt nicht nur Espresso, Tee oder Alkoholika, sondern auch Kleinigkeiten zu essen.
4. richtig: Einige Bars in der Provinz dienen auch als Jugendtreffpunkt.

55 Fußballspieler

Sind Sie Fußballexperte? Dann wissen Sie sicher, um welche Spieler es sich hier handelt.

1. **i terzini, i difensori**	die Verteidiger
2. **gli attaccanti**	die Stürmer
3. **il portiere**	der Torwart
4. **i centrocampisti**	die Mittelfeldspieler
5. **il libero**	der Libero
6. **le ali**	die Flügelspieler
7. **il centroavanti**	der Mittelstürmer
8. **lo stopper**	der Vorstopper

56 Poeta e tenore

Il nome di *Macerata*, il capoluogo di provincia nel centro delle Marche, significa veramente „la martoriata[1]". Ma la città non stava poi tanto male, tanto piú che lí vicino, nella gentile cittadina di *Recanati*, nacquero il maggior poeta italiano del secolo XIX e un grande tenore.
Come si chiamavano?

[1] **martoriare** martern, quälen

57 La città dei violini

Cremona, in Lombardia, ha dato i natali ai più grandi liutai[1] del mondo.
Indicatene i tre piú famosi!

[1] **liutaio** *m* Geigenbauer

58 Fiumi

Qualche volta tutto è semplicissimo. Il tedesco Nil si chiama in italiano Nilo; il Ganges, Gange. Ma qual è il nome dei seguenti fiumi?

1. Tiber ______________

2. Donau ______________

3. Rhein ______________

4. Seine ______________

5. Main ______________

56 Dichter und Tenor

Der Name ***Macerata***, die Provinzhauptstadt im Zentrum der Marken, bedeutet eigentlich „die Gemarterte". Dabei ging es der Stadt so schlecht nicht, zumal in ihrer unmittelbaren Nähe, in dem freundlichen Städtchen ***Recanati***, der größte italienische Dichter des 19. Jahrhunderts und ein großer Tenor geboren wurden.
Wie hießen sie?

► Lösung

1. **Giacomo Leopardi** (1798-1837)
2. **Beniamino Gigli** (1890-1957)

57 Die Geigenstadt

In Cremona in der Lombardei wurden die größten Geigenbauer der Welt geboren.
Nennen Sie die drei berühmtesten!

► Lösung

Nicola Amati (1596-1684)
Antonio Stradivari (1643-1737) und
Giuseppe Antonio Guarnieri (1687-1742)

58 Flüsse

Manchmal ist alles ganz einfach. Der deutsche Nil heißt im Italienischen **Nilo**, und der Ganges **Gange**. Wie aber sagt man zu folgenden Flüssen?

► Lösung

1. Tiber **Tevere**
2. Donau **Danubio**
3. Rhein **Reno**
4. Seine **Senna**
5. Main **Meno**

59 Due grandi italiani

A Milano nacque nel 1785 un grande scrittore e poeta. Scrisse uno dei romanzi più famosi del mondo. Un anno dopo la sua morte, avvenuta nel 1873, il più grande musicista italiano compose in sua memoria una Messa da Requiem.

1. Come si chiama lo scrittore?
2. Qual è il titolo del suo romanzo?
3. Chi compose la Messa da Requiem?

60 A tavola

Gli Italiani mangiano volentieri ed abbondantemente – e questo non soltanto in particolari festivi giorni. Un menu normale può essere di questo tipo.
Dite i termini italiani delle singole portate[1]!

1. Aperitif ____________________

2. Vorspeise ____________________

3. Suppe ____________________

4. erster Gang ____________________

5. zweiter Gang (Hauptgang) ____________________

6. Beilage ____________________

7. Obst ____________________

8. Nachspeise ____________________

9. Kaffee ____________________

[1] **portata** *f* Gang (*beim Essen*)

59 Zwei große Italiener

In Mailand wurde 1785 ein großer Schriftsteller und Dichter geboren. Er schrieb einen der berühmtesten Romane der Welt. Ein Jahr nach seinem Tod 1873 komponierte der größte Komponist Italiens zu seiner Erinnerung ein Requiem.

1. Wie heißt der Schriftsteller?
2. Wie lautet der Titel seines Romans?
3. Wer komponierte das Requiem?

▶ Lösung

1. **Alessandro Manzoni**
2. ***I promessi sposi*** *Die Verlobten*
3. **Giuseppe Verdi**

60 Zu Tisch

Die Italiener essen gerne und ausgiebig – und das nicht nur an besonderen Festtagen. Ein normales Menü kann wie folgt aussehen.
Nennen Sie die italienischen Begriffe der einzelnen Gänge!

▶ Lösung

1. **aperitivo**
2. **antipasto**
3. **zuppa**
4. **primo piatto**
5. **secondo piatto**
6. **contorno**
7. **frutta**
8. **dolce**
9. **caffè**

61 Isole

Conoscete le seguenti isole italiane?

1. Quale isola è famosa per i suoi pescatori?
2. Quale isola ospitò[1] Napoleone?
3. Quale isola fu liberata per prima dagli americani alla fine della seconda guerra mondiale?
4. Qual è l'isola più a sud d'Italia?

[1] **ospitare** beherbergen

62 Sport

Qual è lo sport più praticato dagli Italiani?

1. il tennis
2. lo sci
3. il calcio
4. il ciclismo

61 Inseln

Kennen Sie die folgenden italienischen Inseln?

1. Welche Insel ist berühmt für ihre Fischer?
2. Welche Insel beherbergte Napoleon?
3. Welche Insel wurde zuerst von den Amerikanern am Ende des Zweiten Weltkrieges befreit?
4. Welche ist die südlichste Insel Italiens?

▶ Lösung

1. **Capri**, gehört zur Region Kampanien.
   (Erinnern Sie sich an das Lied *Capri-Fischer*?)
2. **Elba**, gehört zur Region Toskana.
3. **Sicilia** Sizilien
4. **Lampedusa**, gehört zur Region Sizilien.

62 Sport

Welche Sportart wird von den Italienern am häufigsten praktiziert?

1. Tennis
2. Ski
3. Fußball
4. Radsport

▶ Lösung

3. **il calcio** Fußball

Fußball wird in Italien am Sonntag gespielt und die Männer, die nicht selbst spielen oder ins Stadion gehen, verfolgen das Spiel im Fernsehen oder im Radio – meist gemeinsam beim Besuch einer Bar.

63 La punta dello stivale

La regione si trova fra il Mar Ionio e il Mar Tirreno. Sulle sue montagne imperversarono[1] ancora verso la fine del secolo XIX i briganti. Qui si crede al malocchio[2] e la superstizione[3] è tuttora vivissima. Eccone un esempio: se due persone sbadigliano[4] simultaneamente, è segno che morranno nello stesso giorno. Il capoluogo di provincia sulla punta dello stivale fu completamente raso al suolo dal terremoto[5] del 1908.
Come si chiamano la regione e la città distrutta dal terremoto?

[1] **imperversare** wüten, toben
[2] **malocchio** *m* böser Blick
[3] **superstizione** *f* Aberglaube
[4] **sbadigliare** gähnen
[5] **terremoto** *m* Erdbeben

64

Vetture segrete

Sulle strade italiane avrete forse notato veicoli particolari con l'indicazione NU. Non hanno l'aspetto di veicoli che possano appartenere alle Nazioni Unite.
A quale organizzazione appartengono allora?

63 Die Spitze des Stiefels

Die Region liegt zwischen dem Ionischen und dem Tyrrhenischen Meer. In ihren Bergen trieben noch Ende des 19. Jahrhunderts Banditen ihr Unwesen. Man glaubt hier an den bösen Blick, und der Aberglaube ist immer noch höchst lebendig.
Eine Kostprobe: Wenn zwei Menschen gleichzeitig gähnen, bedeutet es, daß sie am selben Tag sterben werden.
Die Provinzhauptstadt an der Spitze des Stiefels wurde 1908 von einem Erdbeben völlig zerstört.
Wie heißen die Region und die vom Erdbeben zerstörte Stadt?

▶ **Lösung**

Calabria Kalabrien
Reggio Calabria

64 Geheimautos

Auf den italienischen Straßen werden Ihnen vielleicht besondere Fahrzeuge mit der Bezeichnung „NU" aufgefallen sein. Sie sehen nicht so aus, als gehörten sie den Vereinten Nationen (**Nazioni Unite**).
Von welcher Organisation sind sie aber dann?

▶ **Lösung**

Es handelt sich um die Wagen der städtischen Müllabfuhr **Nettezza Urbana (NU)**.

65 L'attrice e il suo poeta

La più grande attrice italiana del principio del secolo morí nel 1924 a Pittsburg negli USA durante una tournée. E uno dei piú grandi scrittori italiani ha immortalato[1] il suo amore per lei in un romanzo intitolato *Il fuoco.*
Come si chiamavano?

[1] **immortalare** verewigen

66 Ai piedi di un vulcano

Sulle rive del Mar Ionio, ai piedi di un vulcano, si trova una città, capoluogo di provincia, che diede i natali a un musicista (opere più famose: *La Norma*, *La Sonnambula* e *I Puritani*) e allo scrittore Giovanni Verga (1840 - 1922). Verga fu uno dei maggiori rappresentanti di una corrente letteraria del XIX secolo.

1. Come si chiama la città?
2. Come si chiama il vulcano?
3. Come si chiama il compositore?
4. Di quale corrente letteraria si tratta?

65 Die Schauspielerin und ihr Poet

Die größte italienische Schauspielerin Anfang dieses Jahrhunderts starb 1924 während einer Tournee im amerikanischen Pittsburg. Und einer der größten italienischen Schriftsteller hat seine Liebe zu ihr in seinem Roman *Das Feuer* verewigt.
Wie hießen die beiden?

▶ Lösung

Eleonora Duse und
Gabriele D'Annunzio

66 Am Fuße eines Vulkans

Am Ufer des Ionischen Meeres liegt am Fuße eines Vulkans eine Provinzhauptstadt, in der ein Komponist (wichtigste Opern: *Norma, Die Nachtwandlerin* und *Die Puritaner*) und der Schriftsteller **Giovanni Verga** (1840-1922) geboren wurden. Verga war einer der Hauptvertreter einer literarischen Richtung des 19. Jahrhunderts.

1. Wie heißt die Stadt?
2. Wie heißt der Vulkan?
3. Wie heißt der Komponist?
4. Um welche literarische Richtung handelt es sich?

▶ Lösung

1. Catania	
2. Etna	Ätna
3. Vincenzo Bellini	(1801-1835)
4. del verismo	um den Verismus oder Naturalismus

67 Un lago lungo

È il lago più lungo e più profondo d'Italia. La sponda occidentale è in Piemonte, quella orientale in Lombardia e l'estremità nord si trova in Svizzera.
Come si chiama questo lago?

68 Pasqua e pasquetta

L'olivo e la palma sono i simboli della Pasqua in Italia. I bambini ricevono uova di Pasqua di cioccolato che contengono delle sorprese. Pasquetta[1] si chiama anche il Lunedí dell'Angelo. In questo giorno si usa fare una gita.
E come si chiamano allora il giovedí ed il venerdí che precedono la Pasqua?

[1] **Pasquetta** *f* Ostermontag

69 Festa del Lavoro

Al primo maggio in Italia si festeggia la Festa del Lavoro. La Chiesa Cattolica ha consacrato[1] questo giorno a San Giuseppe Artigiano.

1. Che tipo di artigiano era Giuseppe?
2. E come viene inoltre chiamato in Italia il primo giorno di maggio?

[1] **consacrare** weihen

67 Ein langer See

Er ist der längste und tiefste See Italiens. Das Westufer ist in Piemont, das Ostufer in der Lombardei und die Nordspitze befindet sich in der Schweiz.
Wie heißt dieser See?

▶ **Lösung**

Lago Maggiore

68 Ostern und Ostermontag

Der Olivenbaum und die Palme sind die Ostersymbole in Italien. Die Kinder bekommen Ostereier aus Schokolade, die Überraschungen enthalten. Den Ostermontag nennt man auch den Montag des Engels. An diesem Tag macht man für gewöhnlich einen Ausflug.
Wie nennt man nun den Donnerstag und den Freitag vor Ostern?

▶ **Lösung**

giovedí santo Gründonnerstag
venerdí santo Karfreitag

69 Tag der Arbeit

Am 1. Mai feiert man in Italien den Tag der Arbeit. Die katholische Kirche hat diesen Tag dem heiligen Joseph, dem Handwerker, geweiht.

1. Was für ein Handwerker war Joseph?
2. Und wie nennt man den ersten Maitag in Italien noch?

▶ **Lösung**

1. **falegname** Tischler
2. **calendimaggio** Maifeier

70 Bufali e malaria

Lungo le coste della Toscana c'è una regione che ancora nel secolo scorso era un'enorme zona paludosa[1], dove regnava la malaria. In quei tempi vivevano qui bufali[2] e cavalli selvatici[3].

Come si chiama questo territorio e in quale provincia si trova?

[1] **paludoso, -a** sumpfig
[2] **bufalo** *m* Büffel
[3] **cavallo** *m* **selvatico** Wildpferd

71 Quiz italiano

Siete dei concorrenti in un quiz italiano e dovete rispondere alle seguenti domande di cultura generale[1] per raggiungere la finale.

1. Come si chiama il fiume più lungo d'Italia?
2. Qual è la stagione più calda dell'anno?
3. Quante regioni ci sono in Italia?
4. Qual è l'università più antica d'Italia?
5. Come si chiama il monte più alto d'Italia?
6. Qual è il museo più grande di Roma?
7. Come si chiama il mercato domenicale di Roma?

[1] **cultura** *f* **generale** Allgemeinwissen

70 Büffel und Malaria

An der Küste der Toskana gibt es eine Region, die noch im letzten Jahrhundert ein riesiges Sumpfgebiet war, in dem die Malaria herrschte. Damals lebten hier Büffel und wilde Pferde. Wie heißt dieses Gebiet, und in welcher Provinz befindet es sich?

▶ Lösung

Die **Maremma** in der Provinz **Grosseto**

71 Italienisches Quiz

Sie sind Mitspieler in einem italienischen Quiz und müssen folgende Fragen aus dem Allgemeinwissen beantworten, um ins Finale zu kommen.

1. Wie heißt der längste Fluß Italiens?
2. Was ist die wärmste Jahreszeit?
3. Wieviele Regionen gibt es in Italien?
4. Welche ist die älteste Universität Italiens?
5. Wie heißt der höchste Berg Italiens?
6. Welches ist das größte Museum von Rom?
7. Wie heißt der Sonntagsmarkt in Rom?

▶ Lösung

1. **Po** (652 km)	
2. **l'estate**	der Sommer
3. **ventuno**	einundzwanzig
4. **Bologna (secolo XI)**	Bologna (11. Jahrhundert)
5. **Monte Bianco** (4810 m)	Montblanc
6. **i Musei Vaticani**	die Vatikanischen Museen
7. **Porta Portese**	

72 Isola dell'imperatore

È la maggiore isola d'Italia e nel corso dei secoli fu dominata da Greci, Romani, Arabi, Normanni, Tedeschi, Francesi e Spagnoli. Anche l'imperatore Federico II di Svevia vi risiedette. Come si chiama l'isola?

73 Una grande personalità

Visse nello scorso secolo e fu uno degli autori del Risorgimento. Scopo di questo movimento era la libertà, l'indipendenza e l'unità d'Italia. Nel 1860 guidò la spedizione dei mille nell'Italia del Sud e donò[1] poi a Vittorio Emanuele II il regno conquistato. Morí sull'isola di Caprera a nord della Sardegna. Chi era?

[1] **donare** schenken

74 Il tacco dello stivale

In questa regione troviamo il riscontro meridionale del triangolo industriale del nord.
Come si chiama la regione e quali sono le città che formano il triangolo industriale?

72 Kaiserinsel

Sie ist die größte Insel Italiens und wurde im Laufe der Jahrhunderte von Griechen, Römern, Arabern, Normannen, Deutschen, Franzosen und Spaniern beherrscht. Auch Kaiser Friedrich II. von Hohenstaufen residierte hier.
Wie heißt die Insel?

► **Lösung**

Sicilia Sizilien

73 Eine große Persönlichkeit

Er lebte im letzten Jahrhundert und war einer der Urheber des Risorgimento. Ziel dieser Bewegung war die Freiheit, Unabhängigkeit und Einheit Italiens. 1860 führte er den Zug der Tausend nach Süditalien und schenkte dann Viktor Emanuel II. das eroberte Reich. Er starb auf der Insel **Caprera** nördlich von Sardinien.
Wer war es?

► **Lösung**

Giuseppe Garibaldi

74 Der Stiefelabsatz

In dieser Region gibt es das südliche Pendant zum Industriedreieck im Norden.
Wie heißt die Region, und welche Städte bilden das Industriedreieck?

► **Lösung**

Puglia Apulien
Bari, Brindisi und **Taranto**

75 In vino veritas

Sapete a quali zone dell'Italia appartengono i seguenti vini?

1. Barbera	**a)** Emilia Romagna
2. Cannonau	**b)** Toscana
3. Picolit	**c)** Sardegna
4. Lambrusco	**d)** Piemonte
5. Chianti	**e)** Friuli-Venezia Giulia

76 Agenti dell'ordine pubblico

In Italia ci sono tre diverse categorie di agenti dell'ordine pubblico.
Come si chiamano?

1. ____________________

2. ____________________

3. ____________________

77 Tre maestri

Nel XIV secolo vissero in Toscana tre grandi letterati: Dante Alighieri, Francesco Petrarca e Giovanni Boccaccio. Associate i tre citati capolavori[1] al loro creatore!

1. Dante	**a)** Decamerone
2. Boccaccio	**b)** I Trionfi
3. Petrarca	**c)** Divina Commedia

[1] **capolavoro** *m* Meisterwerk

75 In vino veritas

Wissen Sie, zu welchen Regionen Italiens die folgenden Weine gehören?

1. Barbera	**a)** Emilia Romagna
2. Cannonau	**b)** Toskana
3. Picolit	**c)** Sardinien
4. Lambrusco	**d)** Piemont
5. Chianti	**e)** Friaul-JulischVenetien

▶ **Lösung**

1. d) 2. c) 3. e) 4. a) 5. b)

76 Hüter der öffentlichen Ordnung

In Italien gibt es drei verschiedene Kategorien von Ordnungshütern.
Wie heißen sie?

▶ **Lösung**

1. Carabinieri	Gendarmen, dem Verteidigungsministerium unterstellt
2. Poliziotti	Polizeibeamte, dem Innenministerium unterstellt
3. Vigili urbani	Verkehrspolizisten, Angestellte der Gemeinde

77 Drei Meister

Im 14. Jahrundert lebten drei große Literaten in der Toskana: Dante Alighieri, Francesco Petrarca und Giovanni Boccaccio. Ordnen Sie die drei genannten Meisterwerke ihrem Schöpfer zu!

▶ **Lösung**

1. c) 2. a) 3. b)

78 Una famosa corsa di cavalli

In una città toscana ha luogo ogni anno il 2 luglio ed il 16 agosto una corsa medioevale di cavalli. Ricorda la vittoria dell'armata[1] cittadina nell'anno 1260 contro una città concorrente.

1. Come si chiama la corsa di cavalli?
2. In quale città viene organizzata?
3. Quale era la città concorrente?

[1] **armata** *f* Heer

79

Grandi uomini di Genova

Accanto a Colombo, Genova diede i natali ad altre tre grandi personalità:

- a un violinista (1782-1840), di cui si diceva che il diavolo gli guidasse l'archetto[1],
- a un patriota, morto a Pisa nel 1872 povero e sconosciuto, al quale però ogni città italiana ha dedicato una via o una piazza
- e a un premio Nobel per la letteratura (1896-1981).

Come si chiamano? E di quale regione e capoluogo Genova?

[1] **archetto** *m* Bogen

78 Ein berühmtes Pferderennen

In einer toskanischen Stadt findet jedes Jahr am 2. Juli und am 16. August ein mittelalterliches Pferderennen statt. Es erinnert an den Sieg des städtischen Heeres im Jahre 1260 gegen eine Konkurrenzstadt.

1. Wie heißt das Pferderennen?
2. In welcher Stadt wird es veranstaltet?
3. Wer war die Konkurrenzstadt?

▶ **Lösung**

1. der **Palio**
2. Siena
3. Florenz

79 Genuas große Männer

Neben Kolumbus wurden in Genua noch drei weitere große Persönlichkeiten geboren:

- ein Geiger (1782-1840), von dem man sagte, daß ihm der Teufel persönlich den Bogen führe,
- ein Patriot, der 1872 arm und unbekannt in Pisa starb, dem aber jede italienische Stadt eine Straße oder einen Platz gewidmet hat
- und ein Nobelpreisträger der Literatur (1896-1981).

Wie heißen die drei? Und von welcher Region ist Genua die Hauptstadt?

▶ **Lösung**

Niccolò Paganini, Giuseppe Mazzini und **Eugenio Montale**
Liguria Ligurien

80 La più piccola e più alta regione d'Italia

Sulle rive della Dora Baltea sorse per ordine dell'imperatore Augusto la città di *Augusta Praetoria*. La regione in cui essa si trova si estende tra il Monte Bianco e il Monte Rosa.

1. Come si chiama la regione?
2. Come si chiama oggi *Augusta Praetoria*?
3. Che lingua parlano le popolazioni valligiane?

81 Una fertile regione ... in tutti i sensi

Quando si parla di Emilia Romagna vengono in mente la buona cucina, i vini prelibati[1] come il Lambrusco, l'Albana e il Sangiovese; la mortadella di Bologna, il prosciutto di Parma, gli zamponi[2] e i cotechini[3] di Modena, il formaggio parmigiano e tante altre leccornie[4]. Ma c'è anche dell'altro: musica, poesia, scienza.

1. Che compositore nacque a Roncole di Busseto in provincia di Parma nel 1813? ______________________
2. Chi fu il gentile poeta nato a San Mauro di Romagna (Forlí) nel 1855? ______________________
3. Chi fu l'inventore del telegrafo senza fili – premio Nobel per la fisica (1909) – nato a Griffone vicino a Bologna?

---

[1] **prelibato, -a** vorzüglich
[2] **zampone** *m* Schweinsfuß
[3] **cotechino** *m* Schlackwurst
[4] **leccornia** *f* Leckerbissen

80 Die kleinste und höchste Region Italiens

An dem Fluß **Dora Baltea** entstand auf Befehl des Kaisers Augustus die Stadt *Augusta Praetoria*. Die dazugehörige Region erstreckt sich zwischen dem Montblanc und dem **Monte Rosa**.

1. Wie heißt die Region?
2. Welchen Namen trägt *Augusta Praetoria* heute?
3. Und welche Sprache sprechen die Menschen in den Tälern?

► Lösung

1. **Val d'Aosta** Aostatal
2. **Aosta**
3. **francese** französisch

81 Ein fruchtbares Land ... in jeder Hinsicht

Wenn von der **Emilia Romagna** die Rede ist, kommt einem die gute Küche in den Sinn, die vorzüglichen Weine wie **Lambrusco**, **Albana** und **Sangiovese**; die **Mortadella** von **Bologna**, der Parma-Schinken, die Schweinsfüße und die Schlackwürste von **Modena**, der Parmesankäse und viele andere Leckerbissen. Aber es gibt auch anderes: Musik, Dichtung und Wissenschaft.

1. Welcher Komponist wurde 1813 in **Roncole di Busseto**, Provinz Parma, 1813 geboren?
2. Wer war der liebenswürdige Dichter, der 1855 in **San Mauro di Romagna** (**Forlí**) geboren wurde?
3. Wer war der Erfinder der drahtlosen Telegraphie – Nobelpreis für Physik im Jahre 1909 –, der in **Griffone** bei **Bologna** geboren wurde?

► Lösung

1. **Giuseppe Verdi** (1813-1901)
2. **Giovanni Pascoli** (1855-1912)
3. **Guglielmo Marconi** (1874-1937)

82 Premio Nobel

Nel centro della Sardegna sorge una città, dove nacque una grande scrittrice, che ottenne il premio Nobel per la letteratura nello stesso anno (1926) in cui la sua città natale fu elevata a capoluogo di provincia. Descrisse la vita selvaggia e primordiale dei contadini e pastori della sua terra.

1. Come si chiama la città?
2. Qual è il nome della scrittrice?

83 Un ponte dell'asino

C'è una frase che s'insegna nelle scuole elementari per imparare più facilmente il nome delle singole catene delle Alpi. La frase è: *Ma con gran pena le reca giù*. Ogni sillaba, tranne *na*, rappresenta l'inizio del nome di una catena alpina. Come si chiamano le singole catene alpine italiane?

1. Alpi Ma______________
2. Alpi Co______________
3. Alpi Gra______________
4. Alpi Pe______________
5. Alpi Le______________
6. Alpi Re______________
7. Alpi Ca ______________
8. Alpi Giu______________

82 Nobelpreisträgerin

Im Zentrum Sardiniens liegt eine Stadt, in der eine große Schriftstellerin geboren wurde, die den Nobelpreis für Literatur in demselben Jahr (1926) bekam, in dem ihre Geburtsstadt zur Provinzhauptstadt erhoben wurde. Sie beschrieb das wilde und ursprüngliche Leben der Bauern und Hirten ihrer Heimat.

1. Wie heißt die Stadt?
2. Wie heißt die Schriftstellerin?

► Lösung

1. **Nuoro**
2. **Grazia Deledda** (1871-1936)

83 Eine Eselsbrücke

Es gibt einen Satz, der in den italienischen Volksschulen gelehrt wird, damit man die Namen der einzelnen Gebirgsketten der Alpen leichter lernen kann. Der Satz lautet: ***Ma con gran pena le reca giú***. (Aber mit großer Mühe trägt er sie hinunter). Jede Silbe mit Ausnahme von ***na*** bildet den Anfang des Namens einer Gebirgskette.
Wie heißen die einzelnen italienischen Alpenketten?

► Lösung

1. **Alpi Marittime**	Seealpen
2. **Alpi Cozie**	Kottische Alpen
3. **Alpi Graie**	Grajische Alpen
4. **Alpi Pennine**	Penninische Alpen
5. **Alpi Lepontine**	Lepontinische Alpen
6. **Alpi Retiche**	Rätische Alpen
7. **Alpi Carniche**	Karnische Alpen
8. **Alpi Giulie**	Julische Alpen

84 Pietre antiche, antica sapienza

Padova è una delle più belle città del Veneto. Nelle sue vicinanze si trova l'amena[1] cittadina di Monselice. Dal suo nome si può già desumere[2] che pietra è stata qui ricavata[3].
Lo sapete? E per quale ragione Padova divenne famosa quasi 800 anni fa?

[1] **ameno, -a** anmutig
[2] **desumere** entnehmen, herleiten
[3] **ricavare** herausholen, abbauen

85

Il bambino e il drago

Nell'insolito stemma di una metropoli dell'Italia settentrionale appare un drago che sta divorando un bambino.
Di che città si tratta?

84 Alte Steine, altes Wissen

Padua ist eine der schönsten Städte Venetiens. In seiner Nähe liegt das anmutige Städtchen **Monselice**. Aus seinem Namen läßt sich schon entnehmen, welcher Stein hier abgebaut wurde. Wissen Sie es? Und wofür ist Padua vor nunmehr fast 800 Jahren berühmt geworden?

▶ Lösung

Der Name **Monselice** kommt vom Lateinischen *Mons silicis Kieselberg*. Die Kieselsteine von **Monselice** wurden für die Pflasterung des Markusplatzes in Venedig verwendet. In Padua wurde 1222 eine der ältesten Universitäten Europas gegründet.

85 Das Kind und der Drache

In dem ungewöhnlichen Wappen einer norditalienischen Großstadt ist ein Drache zu sehen, der gerade dabei ist, ein kleines Kind zu verschlingen.
Um welche Stadt handelt es sich?

▶ Lösung

Milano Mailand

Der Drache wurde der Legende nach gerade noch rechtzeitig von dem Edlen **Uberto Visconti** getötet, so daß man das Kind retten konnte. Seither sind Drache und Kind im Mailänder Stadtwappen verewigt.

86 Stampa italiana

Sapevate che in Italia ...

1. i quotidiani escono anche alla domenica?
2. la terza pagina è sempre la pagina culturale?
3. i giornali e le riviste si vendono nelle edicole[1] e non nei supermercati o altrove?

Dite il nome dei tre più grandi quotidiani italiani!

[1] **edicola** *f* Kiosk

87 Mutande rosse

L'ultimo giorno dell'anno gli Italiani sono legati da un segreto intimo: sia le donne che gli uomini portano biancheria intima rossa. Come finisce infine lo show nazionale della biancheria, quando si fanno tintinnare[1] i bicchieri di spumante, rimane anche un segreto. Comunque il tema non è idoneo[2] a svolgere ancora un compito.

[1] **tintinnare** klirren, klingeln [2] **idoneo, -a** geeignet

86 Italienische Presse

Wußten Sie, daß in Italien ...

1. die Tageszeitungen auch am Sonntag erscheinen?
2. die dritte Seite immer das Feuilleton ist?
3. die Zeitungen und Zeitschriften nur in Kiosken, nicht aber in den Supermärkten oder anderswo verkauft werden?

Nennen Sie die drei größten italienischen Tageszeitungen!

▶ Lösung

1. **Corriere della Sera**
2. **La Repubblica**
3. **La Stampa**

87 Rote Unterhosen

Am letzten Tag des Jahres verbindet die Italiener ein intimes Geheimnis: Frauen wie Männer tragen rote Unterwäsche. Wie die nationale Reizwäsche-Show schließlich endet, wenn die Sektgläser klirren, bleibt ebenfalls ein Geheimnis. Jedenfalls ist das Thema nicht geeignet, um noch eine Aufgabe zu machen.

88 Simboli

Conoscete i simboli delle seguenti città?

1. Firenze
  a) la rosa
  b) il giglio

2. Bologna
  a) i tortellini
  b) due torri

3. Venezia
  a) il leone di San Marco
  b) la chiesa di San Giorgio

89 Altri Simboli

Ognuna di queste tre città ha come simbolo un animale. Conoscete quello esatto?

1. Torino
  a) il toro
  b) la mucca

2. Napoli
  a) il bue
  b) l'asino

3. Roma
  a) la lupa
  b) l'orso

88 Wahrzeichen

Kennen Sie die Wahrzeichen der folgenden Städte?

1. Florenz
  a) die Rose
  b) die Lilie

2. Bologna
  a) Teigringe
  b) zwei Türme

3. Venedig
  a) der Löwe des heiligen Markus
  b) die St.-Georgs-Kirche

▶ **Lösung**

1. b) 2. b) 3. a)

89 Weitere Wahrzeichen

Jede dieser drei Städte hat ein Tier als Wahrzeichen. Kennen Sie das richtige?

1. Turin
  a) der Stier
  b) die Kuh

2. Neapel
  a) der Ochse
  b) der Esel

3. Rom
  a) die Wölfin
  b) der Bär

▶ **Lösung**

1. a) 2. b) 3. a)

90 I mesi dell'anno

Trenta giorni ha novembre
con ______________, ______________ e ______________,
di ventotto ce n'è uno,
tutti gli altri ne han trentuno.

Questo è il metodo con cui i bambini italiani imparano i nomi dei mesi e quanti giorni hanno.
Completate i tre mesi mancanti, così che si mantenga la rima!

91 Gli avanzi dal mangiare avanzato

Cominciamo dunque a cucinare:
Tritare[1] finemente la carne e il prosciutto, soffriggere[2] la cipolla tritata in una padella[3] con 50 gr burro. Aggiungere la carne e lasciare assorbire[4] un paio di minuti, salare e pepare. Togliere la carne dal fuoco e unire pangrattato, un uovo intero, la mela grattugiata, la scorza d'arancia, il cognac ed il parmigiano grattugiato. Mischiare il tutto perfettamente. Dall'impasto che ne deriva prepariamo le polpettine, che passeremo una dopo l'altra nella farina, nell'uovo sbattuto[5] ed infine nel pangrattato. Far spumeggiare[6] il burro rimasto nella padella e friggervi le polpette a fuoco medio finchè sono dorate da un lato. Voltarle e posare sul lato già cotto mezza sottiletta di formaggio. Coprire e continuare la cottura a fiamma dolce, finché le polpette saranno dorate da entrambi i lati ed il formaggio sciolto. Servire ben caldo. Buon appetito!

E cosa fanno gli Italiani la domenica dopo il pranzo?

[1] **tritare**	klein schneiden	[4] **assorbire**	ziehen (beim Kochen)
[2] **soffriggere**	anbraten	[5] **sbattere**	verquirlen
[3] **padella** *f*	Pfanne	[6] **spumeggiare**	aufschäumen

90 Die Monate des Jahres

Dreißig Tage hat der November
mit ___, ___ und ___,
mit achtundzwanzig gibt es einen,
alle anderen haben davon einunddreißig.

Das ist die Methode, mit der die italienischen Kinder die Namen der Monate und die Anzahl ihrer Tage lernen. Ergänzen Sie die fehlenden drei Monate so, daß der Reim erhalten bleibt!

▶ Lösung

aprile, giugno e settembre April, Juni und September

91 Das Resteessen aus den Essensresten

Nun fangen wir mal zum Kochen an:
Fleisch und Schinken klein schneiden, die gehackte Zwiebel mit 50 g Butter in einer Pfanne anbraten. Fleisch hinzufügen und ein paar Minuten ziehen lassen, mit Salz und Pfeffer abschmekken. Fleisch vom Herd nehmen, und Semmelbrösel, ein ganzes Ei, den geriebenen Apfel, die Orangenschale, Cognac und den geriebenen Parmesan hinzufügen. Alles gründlich durchmischen. Aus dem so gewonnenen Teig formen wir Frikadellen, die wir nacheinander im Mehl, in einem verquirlten Ei und in den Semmelbröseln wälzen. Die restliche Butter in der Pfanne aufschäumen lassen, und die Frikadellen auf einer Seite bei mittlerer Hitze goldbraun braten. Umdrehen, und auf die fertige Seite eine halbe Scheibe von dem Käse legen. Bei kleiner Hitze und zugedeckt weiter braten, bis die Frikadellen auf beiden Seiten goldbraun sind und der Käse geschmolzen ist.
Heiß servieren. Guten Appetit!

Und was machen die Italiener am Sonntag nach dem Essen?

▶ Lösung

Sie gehen nach Hause, weil die meisten Italiener sonntags auswärts essen.

92 Gennaio

Tutto sperano gli Italiani da gennaio tranne il bel tempo.
„Guardati da un bel gennaio!" ammonisce un proverbio.
Si dice che in tal caso si guasti[1] tutto l'anno.
Allora meglio...

1. un freddo orso?
2. un freddo cane?
3. un freddo porco?

Che animale scomodano[2] gli Italiani per evidenziare[3] il loro rispetto per i gradi sotto zero?

[1] **guastarsi** verderben
[2] **scomodare** bemühen
[3] **evidenziare** hervorheben, veranschaulichen

93

Regali

Gli Italiani fanno volentieri regali. Alcuni regali naturalmente non fanno piacere.
Che cosa si regala nelle seguenti espressioni idiomatiche?

1. dare un cartone a qualcuno
2. dare una occhiata a qualcuno
3. dare un sacco di legnate a qualcuno

92 Januar

Alles, nur kein schönes Wetter erhoffen sich die Italiener vom Januar. „Nimm dich in Acht vor einem schönen Januar!" warnt ein Sprichwort. Angeblich ist ansonsten das ganze Jahr verdorben.
Also dann schon lieber ...

1. eine Bärenkälte?
2. eine Hundekälte?
3. eine Saukälte?

Welches Tier bemühen die Italiener, um ihren Respekt vor den Minusgraden zu veranschaulichen?

▶ **Lösung**

il cane den Hund

Der muß allerdings auch für die Hitze herhalten. Denn die Hundstage heißen auch im Italienischen **giorni canicolari**.

93 Geschenke

Die Italiener schenken gerne. Manche Geschenke machen freilich wenig Freude.
Was schenkt man bei folgenden Redewendungen?

▶ **Lösung**

1. **dare un cartone a qualcuno**	jemandem eine Ohrfeige (*wörtl.*: einen Karton) geben
2. **dare una occhiata a qualcuno**	jemandem einen Blick schenken
3. **dare un sacco di legnate a qualcuno**	jemandem eine Tracht (*wörtl.*: einen Sack) Prügel geben

94 Come si dice?

Qui la semplice soluzione per due piccoli problemi quotidiani. Trovate le relative espressioni tedesche!

1. Come si chiede un favore (o piacere):
Mi fai un favore/piacere?
Posso chiederti un favore/piacere?
Potresti farmi un favore/piacere?

2. Come si chiede la strada:
Scusi, per via Italia, per piacere?
Scusi, mi può dire dov'è via Italia?

95

Tanto di cappello!

Circa 140 anni fa un uomo aprì ad Alessandria una bottega per cappelli. I cappelli che portano il suo nome divennero famosi in tutto il mondo.
Come si chiamano signore e cappello?

94 Wie sagt man's?

Hier die einfache Lösung für zwei kleine Alltagsprobleme. Finden Sie die entsprechenden deutschen Ausdrücke!

1. Wie man um einen Gefallen bittet:
   Mi fai un favore/piacere?
   Tust du mir einen Gefallen?
   Posso chiederti un favore/piacere?
   Darf ich dich um einen Gefallen bitten?
   Potresti farmi un favore/piacere?
   Könntest du mir einen Gefallen tun?
2. Wie man nach dem Weg fragt:
   Scusi, per via Italia, per piacere?
   Entschuldigen Sie, zur Italienstraße, bitte?
   Scusi, mi può dire dov'è via Italia?
   Entschuldigen Sie, können Sie mir sagen, wo die Italienstraße ist?

95 Hut ab!

Vor rund 140 Jahren eröffnete ein Mann in Alessandria eine Hutwerkstatt. Die Hüte, die seinen Namen tragen, wurden weltberühmt.
Wie heißen Herr und Hut?

► Lösung

Borsalino (Giuseppe)

96 Abbreviazioni

Vi intendete[1] di economia? Allora le seguenti abbreviazioni vi saranno sicuramente familiari.

1. S.P.A.
2. S.R.L.
3. P.N.L.

[1] **intendersi di** sich auskennen in

97 Che regione è?

Si possono mangiare i trulli?
Le orecchiette sono piccole orecchie?
Aleatico è un calciatore?

Se conoscete le risposte, allora sapete anche di quale regione si sta parlando.

98 Indovinello

Se il bacino
fosse un piccolo bacio
il lago sarebbe un grande abbraccio.

Capite questo gioco di parole italiano?

96 Abkürzungen

Kennen Sie sich in der Wirtschaft aus? Dann sind Ihnen die folgenden Abkürzungen sicher vertraut.

▶ Lösung

1. **S.P.A.: Società per azioni**
   Aktiengesellschaft (AG)
2. **S.R.L.: Società a responsabilità limitata**
   Gesellschaft mit beschränkter Haftung (GmbH)
3. **P.N.L.: Prodotto nazionale lordo**
   Bruttosozialprodukt (BSP)

97 Um welche Region handelt es sich?

Kann man **trulli** essen?
Sind **orecchiette** kleine Ohren?
Ist **Aleatico** ein Fußballspieler?

Wenn Sie die Antworten kennen, dann wissen Sie auch, von welcher Region hier die Rede ist.

▶ Lösung

Puglia Apulien

Trulli sind alte Kuppelbauten, **orecchiette** ohrförmige Nudeln und **Aleatico** ist ein Rotwein, den schon die Griechen kelterten, die Apulien, den Stiefelabsatz Italiens, kolonisierten.

98 Rätsel

Wenn das Becken
ein kleiner Kuß wäre,
dann wäre der See eine große Umarmung.

Verstehen Sie dieses italienische Wortspiel?

▶ Lösung

Il bacino heißt sowohl das Becken wie auch das Küßchen.

99 Qualcosa non va

Gli ingredienti citati Vi occorrono per fare un tiramisù. Ma uno non ci vuole. Quale?

savoiardi[1], caffè, zucchero, uova, mascarpone, liquore, farina, cacao

[1] **savoiardo** *m* Löffelbisquit

100 L'occhio

Conoscete le seguenti espressioni con la parola *occhio*?

1. le uova all'occhio di bue
2. Costa un occhio della testa.
3. Giovanni non ti vede di buon occhio.

101 Scioglilingua

Trentatre trentini entrarono in Trento tutti e trentatre trotterellando[1].

[1] **trotterellare** trippeln

99 Etwas stimmt nicht

Die angegebenen Zutaten brauchen Sie zur Zubereitung einer **Tiramisù**. Aber eine gehört nicht hinein. Welche?

savoiardi	Löffelbiskuits
caffè	Kaffee
zucchero	Zucker
uova	Eier
mascarpone	Mascarpone, eine Art Quarkkäse
liquore	Likör
farina	Mehl
cacao	Kakao

► **Lösung**

la farina das Mehl

100 Das Auge

Kennen Sie die folgenden Ausdrücke mit dem Wort *Auge*?

1. **le uova all'occhio di bue**	die Spiegeleier (*wörtl.*: die Eier à la Ochsenauge)
2. **Costa un occhio della testa.**	Es kostet einen Haufen Geld. (*wörtl.*: Es kostet ein Auge des Kopfes.)
3. **Giovanni non ti vede di buon occhio.**	Giovanni hält nichts von dir. (*wörtl.*: Giovanni sieht dich nicht mit einem guten Auge.)

101 Zungenbrecher

Dreiunddreißig Trientiner kamen nach Trient, alle dreiunddreißig trippelnd.

! Hier können Sie das rollende **R** üben. Mit der Zungenspitze leicht an die obere Zahnleiste anschlagen.

102 Cavalli multicolori

I cavalli, com'è noto, si possono distinguere dal colore del mantello.
Che colore ha quindi ...

1. un cavallo lionato?
2. un cavallo morello?
3. un cavallo bianco?
4. un cavallo pezzato?

103

Macabro

Un uomo cammina sulla strada sotto la pioggia. Una scala gli impedisce[1] il passaggio, e ci passa sotto. Un gatto nero gli attraversa la strada. Arrivato a casa, lascia in corridoio il suo ombrello aperto.
Quanto tempo ha ancora da vivere quest'uomo?

[1] **impedire** hindern

102 Bunte Pferde

Pferde kann man bekanntlich nach der Farbe ihres Fells unterscheiden.
Welche Farbe hat also ...

1. ein Falbe?
2. ein Rappe?
3. ein Schimmel?
4. ein Schecke?

▶ Lösung

1. **giallo**	gelb
2. **nero**	schwarz
3. **bianco**	weiß
4. **bianco e altri colori**	weiß und andere Farben

103 Makaber

Ein Mann geht im Regen auf der Straße. Eine Leiter steht ihm im Weg, und er geht unter ihr hindurch. Vor ihm läuft eine schwarze Katze über die Straße. Zu Hause angekommen, läßt er seinen Regenschirm aufgespannt im Flur stehen.
Wie lange hat dieser Mann noch zu leben?

▶ Lösung

Wenn man dem italienischen Aberglauben glauben darf, müßte ihn eigentlich auf der Stelle der Blitz treffen. Er geht unter einer Leiter hindurch, sieht eine schwarze Katze über die Straße laufen und läßt den Schirm offen im Haus stehen – alles Dinge, die nur Unglück bringen.

104

Per gli amici della geografia

Su quale fiume siedono gli Italiani?

105 Piatto tipico

Ecco una ricetta per un piatto di verdura tipico della regione Calabria e semplicissimo da preparare. Indovinate[1] di che verdura si tratta! Tra l'altro è molto amato anche in Ungheria.

_____________ alla calabrese

Ingredienti per 4 persone: 4 grossi _____________, circa 350 gr di pomodori maturi, 100 gr d'olio d'oliva, conserva di pomodoro e sale

Lavare e togliere i semi ai _____________ e ai pomodori. Tagliare a strisce i _____________ e soffriggerli nell'olio.

Aggiungere i pomodori spezzettati[2] e un po' di conserva; salare e cuocere per circa mezz'ora.

[1] **indovinare** erraten
[2] **spezzettare** zerteilen, zerbrechen

104 Für die Geographiefreunde

Auf welchem Fluß sitzen die Italiener?

▶ **Lösung**

Na, auf dem **Po** natürlich.

Mit 676 km ist der Po der längste Fluß Italiens. Er entspringt in den Kottischen Alpen und mündet in einem Delta in der Adria.

105 Typisches Gericht

Hier ein Rezept für ein typisches Gemüsegericht aus der Region Kalabrien, das sehr einfach zuzubereiten ist. Erraten Sie, um welches Gemüse es sich handelt! Es ist übrigens auch in Ungarn sehr beliebt.

Peperoni alla calabrese
Paprikaschoten auf kalabrische Art

Zutaten für 4 Personen: 4 große Paprikaschoten, circa 350 g reife Tomaten, 100 g Olivenöl, fertige Tomatensauce und Salz

Die Paprikaschoten und die Tomaten waschen, und die Samen entfernen. Die Paprikaschoten in Streifen schneiden, und in Öl anbraten. Die zerteilten Tomaten zugeben, und ein wenig Tomatensauce hinzufügen. Salzen, und etwa eine halbe Stunde kochen lassen.

Beim Einkauf sollten Sie darauf achten, nicht versehentlich die kleineren **peperoncini** statt **peperoni** mitzunehmen. Zum einen würden Sie nicht satt werden, zum anderen sind **peperoncini** so scharf, daß Ihnen die Augen tränen.
Unser Tip: Die **peperoncini** in Öl einlegen, und sparsam zum Würzen verwenden.

106 Un albero biblico

Questo albero è quasi un simbolo per il Mediterraneo. I suoi dolci frutti sono però apprezzati – freschi o secchi – anche nelle zone più nordiche. E le sue foglie furono utilizzate come indumenti[1] già nel Vecchio Testamento.
Come si chiama l'albero?

[1] **indumento** *m* Kleidungsstück

107 Fede cieca

Un celebre scienziato italiano non voleva assolutamente credere a ciò che ai suoi tempi – nei secoli XVI e XVII – tutti credevano, che cioè la terra stesse ferma come un soldatino di piombo[1].
Che cosa esclamò egli invece con caparbietà[2]?
E come si chiamava?

[1] **soldatino** *m* **di piombo** Zinnsoldat
[2] **caparbietà** *f* Trotz

108 Politico autoritario

„Il fine giustifica i mezzi". Questa frase viene attribuita a uno studioso di scienze politiche fiorentino (1469-1527), divenuto famoso per la sua opera *Il principe*. La dottrina che prende il suo nome sta oggi per una politica autoritaria priva di scrupoli.
Come si chiama l'uomo?

106 Ein biblischer Baum

Dieser Baum ist fast schon ein Symbol für den Mittelmeerraum. Seine Früchte aber schätzt man – frisch oder getrocknet – auch in nördlicheren Breiten. Und seine Blätter fanden schon im Alten Testament als Kleidungsstücke Verwendung.
Wie heißt der Baum?

▶ **Lösung**

il fico der Feigenbaum

107 Blinder Glaube

Ein berühmter italienischer Naturforscher wollte partout nicht glauben, was zu seiner Zeit – im 16./17. Jahrhundert – alle glaubten, nämlich daß die Erde stillsteht wie ein Zinnsoldat.
Was rief er statt dessen trotzig aus?
Und wie hieß er?

▶ **Lösung**

Eppur si muove! Und sie bewegt sich doch!
Galileo Galilei (1564-1642)

108 Machtpolitiker

„Der Zweck heiligt die Mittel". Dieser Satz wird einem Florentiner Politikwissenschaftler (1469-1527) zugeschrieben, der durch sein Werk ***Il principe*** *Der Fürst* berühmt wurde. Die nach ihm benannte Lehre steht heute für eine skrupellose Machtpolitik.
Wie heißt der Mann?

▶ **Lösung**

Niccolò Machiavelli

109 Barzelletta linguistica

Insegnante: Com'è il gerundio di avere?
Alunno: Avendo.
Insegnante: Ed ora un esempio con avendo.
Alunno: Ho una bicicletta vecchia. La tengo o la vendo?

110

Una regione – due lingue

In Alto Adige, com'è noto, si parla tuttora tedesco, e la maggior parte dei segnali di località sono bilingui.

Riportate nei segnali riprodotti i nomi tedeschi!

109 Sprachwitz

Lehrer: Wie ist das Gerundium von **avere** haben?
Schüler: **Avendo** habend.
Lehrer: Und nun einen Beispielsatz mit **avendo** habend.
Schüler: Ich habe ein altes Fahrrad. Behalte oder verkaufe ich es?

Avendo habend steckt auch in **la vendo** ich verkaufe es [das Fahrrad]

Das Gerundium bildet man bei Verben auf **-are** durch Anhängen von **-ando** an den Wortstamm. Beispiel: **arriv-are – arriv-ando**.
Bei Verben auf **-ere** oder **-ire** wird **-endo** angehängt.
Beispiel: **sap-ere – sap-endo, fin-ire – fin-endo.**
Ausnahmen: **bere – bevendo, dire – dicendo, fare – facendo**

110 Eine Region – zwei Sprachen

In Südtirol wird bekanntlich immer noch deutsch gesprochen, und die meisten Ortsschilder sind zweisprachig.
Tragen Sie die deutschen Namen in die abgebildeten Schilder ein!

► Lösung

1.	**Vipiteno**	Sterzing
2.	**Brunico**	Bruneck
3.	**Bressanone**	Brixen
4.	**Dobbiaco**	Toblach
5.	**San Candido**	Innichen

111 Una parola, due significati

La soluzione dei due seguenti compiti sta in un'unica stessa parola. Quale?

1. 10 + 10 = ______________

2. L'aliseo[1] e lo scirocco[2] sono due ________________.

[1] **l'aliseo** der Passat
[2] **lo scirocco** der Schirokko

112 Scarpe al sole

Senza scarpe saremmo solo la metà di noi stessi. O addirittura ancora meno, come ce lo dice la lingua.
Cosa significano le seguenti espressioni idiomatiche?

1. morire con le scarpe ai piedi
2. mettere le scarpe al sole
3. non aver scarpe ai piedi

113 I giorni e gli dei

In italiano, quattro giorni della settimana ricordano divinità romane.
Indicate i giorni e le rispettive divinità!

1. ______________ ______________

2. ______________ ______________

3. ______________ ______________

4. ______________ ______________

111 Ein Wort, zwei Bedeutungen

Die Lösung der beiden nachstehenden Aufgaben besteht aus ein und demselben Wort. Aus welchem?

1. 10 + 10 = zwanzig
2. Der Passat und der Schirokko sind zwei Winde.

▶ Lösung

1. venti zwanzig
2. venti Winde

112 Schuhe in der Sonne

Ohne Schuhe wären wir nur halbe Menschen. Oder sogar noch weniger, wie uns die Sprache sagt.
Was bedeuten folgende Redewendungen?

1. morire con le scarpe ai piedi	eines gewaltsamen Todes sterben (*wörtl.*: mit den Schuhen an den Füßen sterben)
2. mettere le scarpe al sole	im Kampf fallen (*wörtl.*: die Schuhe in die Sonne stellen)
3. non aver scarpe ai piedi	bettelarm sein (*wörtl.*:keine Schuhe an den Füßen haben)

113 Die Tage und die Götter

Im Italienischen erinnern vier Wochentage an römische Gottheiten. Nennen Sie die Tage und die dazugehörigen Götter!

▶ Lösung

1. martedí	Dienstag	**Marte**	Mars
2. mercoledí	Mittwoch	**Mercurio**	Merkur
3. giovedí	Donnerstag	**Giove**	Jupiter
4. venerdí	Freitag	**Venere**	Venus

114 Aprile

Aprile fa talvolta i capricci, eccome! I proverbi dicono:

„Aprile, ogni giorno un barile" (d'acqua)
„Aprile, tanto piange quanto ride"
„Per tutto aprile, non ti scoprire!"

1. Qual è il significato della parola *aprile*?
2. Che cosa è l'aprile della vita?

115

Desideri

Due innamorati di notte su una panchina di un parco. Guardano in cielo. Lì sperano di scorgere qualcosa, che faccia avverare[1] i loro desideri. Cosa cercano in cielo? E in quale giorno?

[1] **fare avverare** wahr werden lassen

114 April

Der April hat manchmal seine Launen, und wie! Die Sprichwörter sagen:

„April, jeden Tag ein Faß" (Wasser)
„April, er weint soviel wie er lacht"
„Während des ganzen Aprils entblöße dich nicht!"

1. Was bedeutet das Wort *April*?
2. Was ist der April des Lebens?

▶ Lösung

1. April kommt von dem lateinischen Verb *aperire*, öffnen. Er öffnet die Natur zu neuem Leben.
2. **la giovinezza** die Jugendzeit

115 Wünsche

Zwei Verliebte nachts auf einer Parkbank. Sie schauen in den Himmel. Dort hoffen sie etwas zu erblicken, das ihre Wünsche wahr werden läßt.
Was suchen die beiden am Himmel? Und an welchem Tag?

▶ Lösung

stelle cadenti Sternschuppen

Angeblich muß man sie am Tag des heiligen Laurentius (10. August) sehen, dann gehen die Wünsche, die man gerade hat, in Erfüllung.
Man darf sie natürlich nicht laut sagen.

116 Ferro

La parola *ferro* ricorre in molti nomi propri italiani. Sapete di chi o di che cosa si tratta in merito ai seguenti tre nomi?

1. Ferrara
2. Ferrucci
3. Ferrari

117 La Festa del Liberatore a Venezia

Il 19 luglio Venezia festeggia la Festa del Liberatore. Le sue origini risalgono[1] ad un voto[2] cittadino dell'anno 1576. Qual era il motivo per il voto?

[1] **risalire a** zurückgehen auf
[2] **voto** *m* Gelübde

118 Sfortuna nel castello

L'incantevole visione del castello di Miramare, vicino a Trieste, ispirò a Giosuè Carducci una poesia in onore di ________________________________,il giovane Arciduca austriaco, che fece costruire il castello, ma non poté vederlo finito perché morí nel ____________. Fu qui fucilato dagli insorti[1] che non lo vollero come loro imperatore.
Come si chiamava il nobiluomo[2] e dove venne fucilato?

[1] **insorto** *m* Aufständischer
[2] **nobiluomo** *m* Adliger

116 Eisen

Ferro *Eisen* kommt in vielen italienischen Eigennamen vor. Wissen Sie, um wen oder um was es sich bei den folgenden drei Namen handelt?

▶ Lösung

1. **Ferrara** Provinzhauptstadt der Region Emilia Romagna
2. **Ferrucci** Florentiner Führer im 16. Jahrhundert
3. **Ferrari** italienische Automarke

117 Erlöserfest in Venedig

Am 19. Juli feiert Venedig das Erlöserfest. Sein Ursprung geht auf ein Gelübde der Stadt aus dem Jahre 1576 zurück.
Was war der Anlaß für das Gelübde?

▶ Lösung

Die Pest. Die Venezianer gelobten, eine Kirche zu errichten, wenn die Epidemie vorüberginge. Die Pest verschwand, und die Kirche wurde nach Entwürfen des berühmten Baumeisters **Andrea Palladio** gebaut.

118 Unglück im Schloß

Durch den bezaubernden Anblick des Schlosses Miramare in der Nähe von Triest ließ sich Giosuè Carducci zu einem Gedicht inspirieren. Er schrieb es zu Ehren von ____, dem jungen österreichischen Erzherzog, der das Schloß erbauen ließ, dessen Fertigstellung aber nie erleben durfte, weil er in ____ starb. Dort wurde er von Aufständischen erschossen, die ihn nicht als ihren Kaiser haben wollten.
Wie hieß der Adelige, und wo wurde er erschossen?

▶ Lösung

Massimiliano d'Austria Maximilian von Österreich
Messico Mexiko

119 Curiosità italiane

Sapevate che ...

1. la serata in TV è suddivisa in „prima" (circa dalle 20.00 alle 22.30), „seconda" (circa dalle 22.30 alle 23.30) e „ultima" serata (circa dalla 23.30 alle 2.00)?
2. la stampa scandalistica[1] quasi non esiste?
3. un partito politico non deve raggiungere la soglia[2] del 5% per entrare in Parlamento?

[1] **stampa** *f* **scandalistica** Boulevardpresse
[2] **soglia** *f* Schwelle

120 Il pittore e l'imperatore

Un giorno l'imperatore stava posando per un ritratto, quand'ecco che al pittore cadde di mano il pennello[1]. Subito il sovrano si affrettò a raccoglierlo. „Oh maestà, non dovete disturbarvi[1]!" esclamò il pittore, confuso. E il sovrano: „Servire un grande artista come voi è per me un onore."
Chi è il pittore e come si chiama l'imperatore?

[1] **pennello** *m* Pinsel [2] **disturbarsi** sich Umstände machen

119 Italienische Besonderheiten

Wußten Sie, daß ...

1. der italienische Fernsehabend in „erster" (ca. 20.00 - 22.30 Uhr), „zweiter" (ca. 22.30 - 23.30 Uhr) und „letzter" Abend (ca. 23.30 - 2.00 Uhr) unterteilt ist?
2. es eine Boulevardpresse praktisch nicht gibt?
3. eine politische Partei die Schwelle von 5% nicht erreichen muß, um ins Parlament zu kommen?

! **prima serata**: vorwiegend Unterhaltungsprogramme
seconda serata: vorwiegend Berichte und Interviews
ultima serata: Dokumentarfilme und manchmal Pornofilme.

120 Der Maler und der Kaiser

Eines Tages stand der Kaiser Modell für ein Portrait, als dem Maler der Pinsel aus der Hand fiel. Sogleich beeilte sich der Monarch, ihn aufzuheben. „Majestät, machen Sie sich keine Umstände!" rief der Maler verwirrt. Und der Kaiser: „Einem großen Künstler wie Euch zu dienen, ist für mich eine Ehre." Wer ist der Maler, und wie hieß der Kaiser?

► Lösung

Tiziano Vecellio, genannt Tizian, und **Karl V.**

121 L'uovo di Colombo

Il navigatore genovese Cristoforo Colombo discuteva un giorno con alcuni scienziati[1] sulla possibilità di raggiungere le Indie seguendo una rotta occidentale. Essi però lo deridevano[2], per cui si decise a fare un esempio. Si fece portare un uovo. „Chi di voi è capace di farlo star sulla punta?" chiese. Ognuno disse che era impossibile. Colombo batté leggermente l'uovo con la punta sul tavolo facendolo stare in piedi. „Ma questo l'avremmo potuto fare anche noi!" dissero gli scienziati. „Già, ma dopo aver visto come ho fatto io", ribatté Colombo.

In che anno Colombo scoperse l'America?
Da quale altro navigatore italiano prese il nome il nuovo continente?

[1] **scienziato** *m* Gelehrte
[2] **deridere** belächeln

122 Zucca in agrodolce[1]

Qui un piatto della cucina semplice siciliana e napoletana.
La zucca si cucina come la carne.

Dosi per 6 persone: 1 kg e 1/2 di zucca gialla; 2 spicchi d'aglio[2]; 3 cucchiai di aceto, 3 cucchiai di zucchero; qualche foglia di menta; sale; olio.

Sbucciate[3] la zucca e tagliatela a fette di 1 cm. Friggete le fette, salatele e disponetele infine in un piatto. Lasciate cuocere per alcuni minuti l'olio avanzato insieme all'aceto ed allo zucchero e poi versatelo sulle fette della zucca. Guarnite il tutto con foglie di menta e l'aglio a pezzettini. Servite il piatto tiepido[4].

[1] **zucca** *f* **in agrodolce** Kürbis süßsauer
[2] **spicco** *m* **d'aglio** Knoblauchzehe
[3] **sbucciare** schälen
[4] **tiepido, -a** lauwarm

121 Das Ei des Kolumbus

Der Genueser Seefahrer Christoph Kolumbus diskutierte eines Tages mit Gelehrten über die Möglichkeit, Indien auf einer Westroute zu erreichen. Sie aber belächelten ihn, so daß er sich zu einem Beispiel entschloß. Er ließ sich ein Ei bringen. „Wer von Euch kann es auf die Spitze stellen?" fragte er. Jeder sagte, das sei unmöglich. Kolumbus schlug das Ei leicht mit der Spitze auf den Tisch und ließ es so stehen. „Das hätten wir auch gekonnt", sagten die Gelehrten. „Aber erst nachdem ihr gesehen habt, wie ich es gemacht habe", erwiderte Kolumbus.

In welchem Jahr entdeckte Kolumbus Amerika?
Nach welchem anderen italienischen Seefahrer wurde der neue Kontinent benannt?

▶ Lösung

1492
Amerigo Vespucci

122 Kürbis süßsauer

Hier ein Gericht der einfachen sizilianischen und neapolitanischen Küche. Den Kürbis bereitet man wie Fleisch zu.

Menge für 6 Personen: 1 1/2 kg gelben Kürbis; 2 Knoblauchzehen; 3 Eßlöffel Essig; 3 Eßlöffel Zucker; ein paar Minzeblätter; Salz; Öl.

Schälen Sie den Kürbis, und schneiden Sie ihn in 1 cm dicke Scheiben. Fritieren Sie die Scheiben, salzen Sie sie, und legen Sie sie anschließend in einen Teller. Lassen Sie das übriggebliebene Öl mit dem Essig und dem Zucker ein paar Minuten kochen, und gießen Sie es dann über die Kürbisscheiben.
Das Ganze mit Minzeblättern und kleingeschnittenem Knoblauch garnieren und lauwarm servieren.

123 Sigle

Provate a decifrare le seguenti sigle!

1. O.N.U.
2. I.V.A.
3. R.A.I.
4. FF.SS.

124 Due santi

Sant'Antonio di Padova (1195-1231) non viene proprio da Padova.
Dove nacque e come si chiama un altro grande santo italiano, suo contemporaneo?

125 Smemoratezza[1]

Una persona smemorata deve fare alcune strade due volte.
Per questo fatto spiacevole gli Italiani hanno un proverbio, che è simile al tedesco.
Come si dice?

[1] **smemoratezza** *f* Vergeßlichkeit

123 Abkürzungen

Versuchen Sie folgende Abkürzungen zu entziffern!

▶ Lösung

1. **O.N.U.:** **Organizzazione delle Nazioni Unite**
   Organisation der Vereinten Nationen (UNO)
2. **I.V.A.:** **Imposta sul valore aggiunto**
   Mehrwertsteuer (MWSt.)
3. **R.A.I.:** **Radiotelevisione Italiana**
   (Italienische Rundfunkanstalt)
4. **FF.SS.:** **Ferrovie dello Stato**
   (Italienische Staatsbahn)

124 Zwei Heilige

Der heilige Antonius von Padua (1195 - 1231) stammt gar nicht aus Padua.
Wo wurde er geboren, und wie heißt ein anderer großer italienischer Heiliger, der ein Zeitgenosse von ihm war?

▶ Lösung

Antonius wurde in Lissabon geboren.
Der Zeitgenosse von ihm war **San Francesco d'Assisi**, der heilige Franz von Assisi.

125 Vergeßlichkeit

Ein vergeßlicher Mensch muß manche Wege doppelt gehen. Für diese bedauerliche Tatsache haben die Italiener ein Sprichwort, das es so ähnlich auch im Deutschen gibt.
Wie heißt es?

▶ Lösung

Chi non ha testa ha buone gambe.
Was man nicht im Kopf hat, muß man in den Beinen haben.
(*wörtl.*: Wer keinen Kopf hat, hat gute Beine.)

126 Maggio

Il maggio è in Italia tempo delle ciliegie e delle rose. Di una fanciulla[1] fiorente e bella si dice che è fresca come una rosa di maggio. I contadini si augurano che in questo tempo non piova e hanno voluto sottolineare questo loro desiderio con il detto: „Di maggio non dovrebbero orinare neppure i gatti". Ma che cosa significa il modo di dire: „Aspettare che venga maggio"?

[1] **fanciulla** *f* Mädchen

127 Scioglilingua

Apelle figlio di Apollo
fece una palla di pelle di pollo.
Tutti i pesci vennero a galla[1]
per vedere la palla
fatta da Apelle
figlio di Apollo.

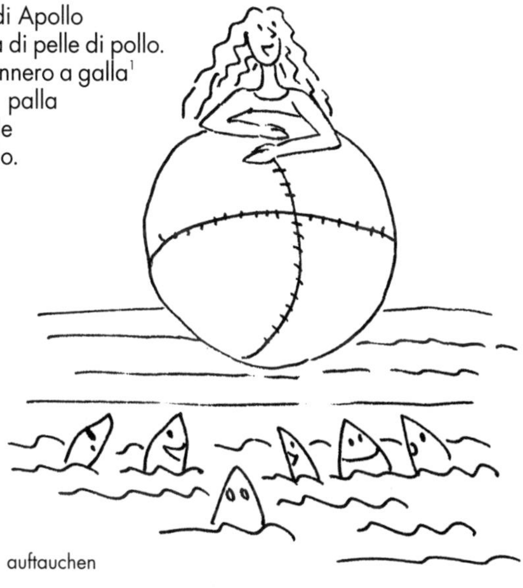

[1] **venire a galla** auftauchen

126 Mai

Im Mai ist in Italien Kirschen- und Rosenzeit. Von einem blühend schönem Mädchen sagt man, sie sei frisch wie eine Rose im Mai. Die Bauern wünschen sich, daß es in dieser Zeit nicht regnet, und verliehen diesem Wunsch mit dem Spruch Nachdruck: „Im Mai sollten nicht einmal die Katzen pinkeln".
Was aber bedeutet die Redewendung: „Warten, bis der Mai kommt"?

▶ Lösung

aspettare che venga maggio
auf besseres Wetter warten oder – im übertragenen Sinne – Zeit vertrödeln.

127 Zungenbrecher

Apelle, Sohn von Apoll,
machte einen Ball aus Hühnerhaut.
Alle Fische tauchten auf,
um zu sehen den Ball,
gemacht von Apelle,
dem Sohn von Apoll.

128 Rondini[1]

Si racconta che San Benedetto prevedesse il giorno della propria morte che fu, precisamente, il 21 marzo dell'anno 547, allorché la prima rondine tornava al suo nido[2] sui tetti di Montecassino.
Da allora si dice: Per San Benedetto la rondine è sotto il tetto (il detto simboleggia il risveglio della natura).
Ma perché sarebbe sbagliato in italiano il proverbio tedesco „Eine Schwalbe macht noch keinen Sommer"?

[1] **rondine** *f* Schwalbe
[2] **nido** *m* Nest

129

Ottobre

È il mese del celebre vino italiano. E qui gli Italiani non scherzano, perché ... „A chi non piace il vino, il Signore faccia mancar l'acqua".

1. Come si chiama la raccolta dell'uva?
2. Cosa s'intende per vino battezzato[1]?

[1] **battezzare** taufen

128 Schwalben

Es wird erzählt, daß der heilige Benedikt den Tag seines eigenen Todes voraussagte, der tatsächlich am 21. März des Jahres 547 eintrat, als die erste Schwalbe zu ihrem Nest auf den Dächern von **Montecassino** zurückkehrte.
Seither sagt man: Am Benediktustag ist die Schwalbe unterm Dach (der Spruch versinnbildlicht das Wiedererwachen der Natur).
Warum aber wäre das deutsche Sprichwort „Eine Schwalbe macht noch keinen Sommer" im Italienischen falsch?

► Lösung

Die Italiener sagen: **Una rondine non fa *primavera*.**
Eine Schwalbe macht noch keinen *Frühling*.

129 Oktober

Er ist der Monat des berühmten italienischen Weins. Und mit dem lassen die Italiener nicht spaßen, denn ... „Wem der Wein nicht schmeckt, dem soll der Herr auch das Wasser entziehen".

1. Wie heißt die Weinlese?
2. Was versteht man unter einem getauften Wein?

► Lösung

1. vendemmia
2. einen verwässerten Wein

130 Funerale[1] alla veneziana

A Venezia un povero va dal parroco e gli comunica la morte di sua moglie. „Come deve aver luogo il funerale?" chiede il parroco, „prima, seconda o terza classe?" „Io non ho soldi", dice l'uomo. „Allora terza classe!" risponde il prete. „E come si svolge?" s'informa l'uomo. „Cassa[2] e prete in gondola, e il corteo funebre[3] a nuoto."
E quali sono le due parole per *Friedhof*?

[1] **funerale** *m* Beerdigung
[2] **cassa** *f* Sarg
[3] **corteo** *m* **funebre** Trauergemeinde

131 Il santo e il vino

La provincia di Asti, in Piemonte, è nota per i suoi vigneti del Monferrato, per il suo spumante e per altri vini. Ma qui sono nati anche il più grande scrittore tragico italiano (1749-1803) e San Giovanni Bosco (1815-1888).

1. Quali sono i più famosi vini del Monferrato?
2. Come si chiama lo scrittore tragico astigiano?
3. Come si chiama l'ordine fondato da Giovanni Bosco?

130 Beerdigung auf venezianisch

In Venedig kommt ein armer Mann zum Pfarrer und meldet ihm den Tod seiner Frau. „Wie soll die Beerdigung stattfinden?" fragt der Pfarrer, „erster, zweiter oder dritter Klasse?" „Ich habe kein Geld", sagt der Mann. „Also dritter Klasse", antwortet der Priester. „Wie geht das denn vor sich?" erkundigt sich der Mann. „Sarg und Priester in der Gondel, und die Trauergemeinde schwimmt."
Und wie heißen die zwei Wörter für *Friedhof*?

▶ Lösung

camposanto und **cimitero**

131 Der Heilige und der Wein

Die Provinz Asti in Piemont ist für ihre Weinberge des Monferrato, für ihren Spumante und andere Weinsorten berühmt. Doch wurden hier auch der größte italienische Tragöde (1749 - 1803) und der heilige Giovanni Bosco (1815 - 1888) geboren.

1. Welche sind die drei bekanntesten Weine des Monferrato?
2. Wie heißt der Tragödienschreiber aus Asti?
3. Wie heißt der von Giovanni Bosco gegründete Orden?

▶ Lösung

1. **Barbera Grignolino d'Asti Nebbiolo**
2. **Vittorio Alfieri**
3. **Congregazione dei Salesiani**
   Kongregation der Salesianer

132 Il pesto

Ecco gli ingredienti per preparare il pesto. Uno di questi però non c'entra. Quale? E quale regione è la patria del pesto?

1. parmigiano
2. olio d'oliva
3. peperoncini
4. pinoli
5. sale
6. basilico
7. aglio
8. pecorino

133 I pensieri segreti di un marito

„Pensa un po'", racconta la signora Fringuelli a colazione, leggendo il giornale, „qui scrivono che il nostro mediatore matrimoniale è stato assassinato." „E con ciò?", bofonchia[1] il marito ancora mezzo addormentato, „io non posso venir incolpato di nulla, ... ho un alibi!"

Per un qualche ovvio motivo, il tema gli fa venire in mente il film *Divorzio all'italiana*. A proposito, come si chiamava il protagonista?

[1] **bofonchiare** knurren

134 Scioglilingua

Quel che di notte il gelo gela,
di giorno il sole sgela[1].

[1] **sgelare** auftauen

132 Der Pesto

Hier die Zutaten zur Vorbereitung der Pesto-Sauce. Eine davon gehört aber nicht hinein. Welche? Und welche Region ist die Heimat des Pesto?

1. Parmesan
2. Olivenöl
3. kleine Paprika
4. Pinienkerne
5. Salz
6. Basilikum
7. Knoblauch
8. Pecorino (Schafskäse)

▶ Lösung

3. peperoncini kleine Paprika

Liguria Ligurien

133 Die geheimen Gedanken eines Ehemannes

„Stell dir vor", erzählt Frau Fringuelli am Frühstückstisch beim Zeitunglesen, „hier schreiben sie, daß unser Heiratsvermittler ermordet wurde." – „Na und?" knurrt der Mann noch im Halbschlaf, „mir kann man nichts anhängen, ich habe ein Alibi!"

Aus irgendeinem naheliegenden Grund fällt ihm bei diesem Thema der Film *Scheidung auf italienisch* ein. Wie hieß doch gleich der Hauptdarsteller?

▶ Lösung

Marcello Mastroianni

134 Zungenbrecher

Was in der Nacht der Frost gefriert,
taut die Sonne tagsüber auf.

! Hier können Sie das stimmhaft ausgesprochene **G** [*dsch*] üben. Die Zunge muß dabei am Gaumen vibrieren.

135 Superstizioni

Delle diverse manifestazioni della superstizione in Italia non se ne sa mai abbastanza.
Cosa succede a uno ...

1. che ride di venerdí? ______________________
2. che incontra una donna gobba[1]? ______________________
3. a cui pizzica[2] il naso? ______________________

[1] **gobbo, -a** bucklig
[2] **pizzicare** kitzeln

136 Libri

Domande scherzose per il topo di biblioteca[1].

1. Si può leggere un libro chiuso?
2. Potrebbe uno spazzacamino[2] comparire in un libro nero?
3. Contro chi si rivolge un libro delle firme?

[1] **topo** *m* **di biblioteca** Bücherwurm (*wörtl.*: Bibliotheksmaus)
[2] **spazzacamino** *m* Kaminkehrer

135 Aberglaube

Über die verschiedenen Ausformungen des italienischen Aberglaubens kann man gar nicht genug wissen.
Was passiert also jemandem, ...

1. der am Freitag lacht?
2. der einer buckligen Frau begegnet?
3. dem die Nase kitzelt?

▶ Lösung

1. **piange di domenica**	er weint am Sonntag
2. **disgrazia**	Unglück
3. **gli vien voglia di litigare**	er hat Lust zu streiten

136 Bücher

Scherzfragen für den Bücherwurm.

1. Kann man in einem geschlossenen Buch lesen?
2. Könnte ein Kaminkehrer in einem schwarzen Buch vorkommen?
3. Gegen wen richtet sich ein Unterschriftenbuch?

▶ Lösung

1. Ja, wenn man die Siegel aufbricht. **Libro chiuso** ist in übertragenem Sinn ein Buch mit sieben Siegeln.
2. Das kommt darauf an, wie beliebt er bei seinen Kunden ist. **Libro nero** ist eine schwarze Liste.
3. Im Zweifelsfalle gegen den Gastgeber. **Libro delle firme** ist ein Gästebuch.